本书受到以下项目资助

★ 河北省社会科学基金项目"'四化同步'目标下河北省农民职业分化的动因及促进机制研究"（项目编号：HB13JJ044）

★ 河北农业大学农林经济管理博士论著

★ 河北省哲学社会科学研究基地（河北省农业经济发展战略研究基地）资助项目

★ 河北省软科学研究基地（河北省"三农"问题研究基地）资助项目

★ 河北省软科学研究计划项目（项目编号：14456113D）

★ 河北省高等学校创新团队领军人才培育计划（计划编号：LGRC029）

河北省社会科学基金项目研究成果
河北农业大学农林经济管理博士论著

现代化进程中的农民职业分化研究

XIANDAIHUA JINCHENGZHONG DE
NONGMIN ZHIYE FENHUA YANJIU

李逸波/著

中国社会科学出版社

图书在版编目（CIP）数据

现代化进程中的农民职业分化研究 / 李逸波著 . —北京：中国社会科学出版社，2014.12（2017.12 重印）
ISBN 978 - 7 - 5161 - 5153 - 2

Ⅰ.①现… Ⅱ.①李… Ⅲ.①农民—劳动就业—研究—中国 Ⅳ.①F323.6

中国版本图书馆 CIP 数据核字（2014）第 279792 号

出 版 人	赵剑英
责任编辑	宋燕鹏
责任校对	王 斐
责任印制	李寡寡

出　　版	中国社会科学出版社
社　　址	北京鼓楼西大街甲 158 号
邮　　编	100720
网　　址	http://www.csspw.cn
发 行 部	010 - 84083685
门 市 部	010 - 84029450
经　　销	新华书店及其他书店
印　　刷	北京明恒达印务有限公司
装　　订	廊坊市广阳区广增装订厂
版　　次	2014 年 12 月第 1 版
印　　次	2017 年 12 月第 2 次印刷
开　　本	710×1000　1/16
印　　张	12.5
插　　页	2
字　　数	197 千字
定　　价	39.00 元

凡购买中国社会科学出版社图书，如有质量问题请与本社营销中心联系调换
电话：010 - 84083683
版权所有　侵权必究

序

"三农"问题的核心是农民问题，而农民问题的核心是就业问题。农村劳动力从农业转移进入非农产业、农村居民从农村转移进入城镇，是一国实现现代化的必然要求。没有农民的现代化，就没有农业和农村的现代化，也势必会影响到国家的全面现代化。而农民的现代化转型就是从农民的职业分化开始的。

改革开放以来，我国进入了前所未有的经济社会转型期，农民的职业结构发生了显著变化，不仅越来越多的农民开始从事非农工作，而且农民在农村及城镇从事的职业范围也越来越广，就业和生活地点也发生了较大变化（农民工流动）。特别是近年来，随着工业化、城镇化的深入发展和农业现代化的同步推进，农民职业分化也呈加速深化态势，主要特征是专业化程度越来越高、职业化特征越来越明显。但是由于制度层面和非制度层面的各种因素限制，农民分化不彻底、转移不到位、就业生活不稳定等问题依然突出，成为影响我国现代化进程和现代化水平的突出问题。到底是哪些因素推动或制约着农民的职业分化？为什么有些农民选择彻底分化，有些农民选择兼业，而有些农民选择留在农业中？为什么有些农民即使是从事非农职业也留在农村，而有些农民选择分化进城？农民这些选择对现代化进程又有怎样的影响？对这些问题的深入研究，并基于可靠的研究结论提出促进农民职业分化的可行建议，不仅对于"三农"问题的解决，而且对于加快推进整个现代化进程，都具有重要意义。

研究现代化进程中的农民职业分化问题，不仅需要将农民职业分化放到历史的长河中去，从宏观的视角去研究其在现代化进程中所发挥的作用，以及其与现代化之间的相互关系，还要深入农村和农民，用最细腻的视角去剖析农民个体的职业分化行为和动因。只有做到将宏观环境与微观因素相结合、将整体与个别相结合、将历史分析与现实分析相结合、将经济视角与社会视角相结合，才能既知其然，又知其所以然，既了解其过去，又能知其现在、判断其未来。本书以农民职业分化为主题，以包括工业化、城镇化和农业现代化在内的现代化进程为主线，以组织行为学个体行为动机理论为研究脉络，综合运用相关经济学和社会学理论、各种相关统计数据、实地调查的1518份农民问卷和3个村落的入户访谈资料，对现代化进程中的农民职业分化问题进行剖析。研究的过程采取点面结合的方式，以相关理论为基础，以统计数据支撑整体分析，以河北省的调研数据作为微观定量分析的依据，并以入户调查作为案例进行剖析。本书的研究将工业化、城镇化、农业现代化和国家政策等宏观环境、农民个体的职业分化能力、行为、绩效与报酬纳入同一研究框架，系统地分析了现代化进程中农民的职业分化行为，富有逻辑地阐释了以上所提出的问题。

农民占据了我国人口的半壁江山，也是低收入人口的主体，农民不富，则国不安。合理地引导农民职业分化，是实现农民的"中国梦"的重要举措。本书的研究对于了解当前我国农民职业分化的内因与表象，解释其过程中产生的问题，把握规律性特征，帮助政府提出相应政策以促进农民合理分化，具有深刻的理论与现实意义。

农民职业分化是一个社会历史的过程，将会在经济社会发展变化的历史车轮中不断演进，也会出现新的表象与问题。对于该问题的研究，还远没有结束。

河北省社会科学院副院长、研究员　彭建强

目　录

第一章　导论 ……………………………………………………（1）
　　第一节　研究背景与研究意义 …………………………………（1）
　　　　一　研究背景 ……………………………………………（1）
　　　　二　研究意义 ……………………………………………（2）
　　第二节　国内外研究现状 ………………………………………（6）
　　　　一　国内研究现状 ………………………………………（6）
　　　　二　国外研究现状 ………………………………………（13）
　　　　三　国内外研究简要述评 ………………………………（15）
　　第三节　研究目标与研究内容 …………………………………（16）
　　　　一　研究目标 ……………………………………………（16）
　　　　二　研究内容与结构安排 ………………………………（17）
　　　　三　研究框架 ……………………………………………（18）
　　第四节　研究方法与资料来源 …………………………………（20）
　　　　一　研究方法 ……………………………………………（20）
　　　　二　数据来源 ……………………………………………（21）
　　第五节　创新点 …………………………………………………（25）

第二章　理论基础与相关概念界定 ……………………………（27）
　　第一节　相关理论基础 …………………………………………（27）
　　　　一　社会分化理论 ………………………………………（27）
　　　　二　农业劳动力向非农产业转移的理论 ………………（32）
　　　　三　人力资本投资理论 …………………………………（36）
　　　　四　产业结构理论 ………………………………………（37）

五　行为动机理论 …………………………………………… (37)
第二节　相关概念界定 ………………………………………… (38)
　　一　农民 ……………………………………………………… (38)
　　二　农民职业分化 …………………………………………… (40)
　　三　现代化 …………………………………………………… (41)

第三章　我国农民职业分化现状分析 ……………………………… (42)
第一节　我国农民职业分化的现状与特点 …………………… (42)
　　一　分化程度逐渐加大 ……………………………………… (42)
　　二　分化态势呈多元化 ……………………………………… (45)
　　三　地区差异明显 …………………………………………… (47)
　　四　分化职业多处竞争行业和初级岗位 …………………… (51)
　　五　分化不彻底 ……………………………………………… (52)
　　六　阶段性明显 ……………………………………………… (55)
第二节　我国农民职业分化存在的问题与困难 ……………… (56)
　　一　职业工种的低层次性限制农民融入城市 ……………… (56)
　　二　从事职业的低稳定性阻碍农民彻底分化 ……………… (57)
　　三　强兼业性影响农民专业化水平的提升 ………………… (57)
　　四　多流动性分化影响社会稳定 …………………………… (57)
　　五　分化的不彻底性影响农业现代化进程 ………………… (58)
第三节　我国农民职业分化的限制 …………………………… (59)
　　一　农民数量庞大，转移分化任务艰巨 …………………… (59)
　　二　工业和城市对农民职业分化发挥的作用不足 ………… (61)
　　三　制度与政策障碍影响农民的
　　　　彻底分化 ………………………………………………… (63)
　　四　自身素质低限制农民职业分化 ………………………… (64)

第四章　农民职业分化环境分析 …………………………………… (66)
第一节　制度环境与农民职业分化 …………………………… (66)
　　一　户籍制度与农民职业分化 ……………………………… (67)
　　二　土地流转制度与农民职业分化 ………………………… (68)

三　其他相关制度与农民职业分化 …………………………(70)
　第二节　现代化进程与农民职业分化 ………………………………(71)
　　　一　农民职业分化与工业化 ……………………………………(71)
　　　二　农民职业分化与城市化 ……………………………………(83)
　　　三　农民职业分化与农业现代化 ………………………………(92)
　　　四　农民职业分化对现代化进程的影响 ………………………(100)

第五章　农民职业分化动机与能力分析 ………………………………(111)
　第一节　专业务农、专职非农与兼业 ………………………………(111)
　　　一　个体特征比较 ………………………………………………(112)
　　　二　家庭特征比较 ………………………………………………(118)
　第二节　进城还是留乡 ………………………………………………(122)
　　　一　个体特征比较 ………………………………………………(122)
　　　二　家庭特征比较 ………………………………………………(126)

第六章　农民职业分化行为分析 ………………………………………(128)
　第一节　农民职业分化行为决策的微观影响因素 …………………(128)
　　　一　个体因素与农民职业分化 …………………………………(128)
　　　二　家庭因素与农民职业分化 …………………………………(130)
　　　三　社区发展因素与农民职业分化 ……………………………(132)
　第二节　分化职业选择模型 …………………………………………(134)
　　　一　模型设定 ……………………………………………………(134)
　　　二　变量选取 ……………………………………………………(135)
　　　三　估计结果分析 ………………………………………………(136)
　第三节　分化地区选择模型 …………………………………………(139)
　　　一　模型设定与变量选取 ………………………………………(139)
　　　二　估计结果分析 ………………………………………………(140)

第七章　农民职业分化绩效与报酬分析 ………………………………(144)
　第一节　农民职业分化绩效分析 ……………………………………(144)
　　　一　不同职业分化类型农民的绩效比较 ………………………(145)

二　职业分化不同区域农民的绩效比较 …………………（146）
  第二节　农民职业分化行为报酬分析 ……………………………（148）
　　一　不同职业分化类型农民的报酬情况比较 ……………（148）
　　二　职业分化不同区域农民的报酬情况比较 ……………（151）
  第三节　基于人力资本投入—收益视角的农民职业分化
　　　　　收益率测算 ………………………………………………（153）
　　一　农民人力资本的投入成本与收益 ……………………（153）
　　二　方法与数据 ……………………………………………（154）
　　三　测算结果分析 …………………………………………（155）

第八章　结论与政策意义 ……………………………………………（158）
  第一节　主要结论 …………………………………………………（158）
  第二节　政策意义 …………………………………………………（162）
  第三节　培育新型职业农民 ………………………………………（167）
  第四节　有待进一步研究的问题 …………………………………（170）

参考文献 …………………………………………………………………（171）

附录 ………………………………………………………………………（180）

后记 ………………………………………………………………………（187）

图表目录 I

表1—1	调查样本区域分布情况	(23)
表1—2	样本农民基本情况	(25)
表2—1	各国三次产业劳动力变化情况	(37)
表3—1	农村居民家庭平均每人纯收入及其构成	(44)
表3—2	调查样本农民的职业分布	(47)
表3—3	2010年几省经济情况及从事农业人口比例	(48)
表3—4	分省的县均非农生计者占乡村劳动力的比例	(48)
表3—5	不同地区的人群就业或迁移比重	(49)
表3—6	我国农民职业分化的行业分布	(51)
表3—7	农村固定观察点农户兼业情况	(54)
表4—1	不列颠劳动力的分布(1801—1901年)	(75)
表4—2	英国三大产业劳动力变化情况	(75)
表4—3	1849—1913年德国三大产业的就业结构	(77)
表4—4	中国农民职业分化与工业化发展相关数据	(78)
表4—5	格兰杰因果检验结果	(80)
表4—6	两样本村居民就业结构(N=3387)	(82)
表4—7	1776—1871年英格兰的农村—城市迁移占城市增长的比例	(86)
表4—8	我国城市化率与农民职业分化发展情况数据	(88)
表4—9	格兰杰因果检验结果	(89)
表4—10	我国各地区劳均耕地面积变化	(96)
表4—11	不同分化类型农民各年龄段受教育程度比较	(105)

表 5—1　不同性别农民职业分化情况 …………………………（112）
表 5—2　不同年龄段农民职业分化人数和比例 ……………（114）
表 5—3　不同年龄段农民职业分化类别及比例 ……………（115）
表 5—4　不同家庭耕地面积农民的职业分化情况比较 ……（119）
表 5—5　家庭劳动力人数与农民职业分化情况比较 ………（120）
表 5—6　就业地区不同农民家庭特征比较 …………………（127）
表 6—1　变量的选取和赋值 …………………………………（136）
表 6—2　农民职业分化类别排序选择模型的估计结果 ……（137）
表 6—3　重新估计的农民职业分化类别排序选择模型结果 …（137）
表 6—4　农民职业分化地区选择 Probit 模型估计结果 ……（140）
表 6—5　农民职业分化地区选择 Probit 模型重新估计结果 …（141）
表 7—1　不同职业分化类型农民就业行业比较 ……………（146）
表 7—2　不同职业分化类型农民家庭收入来源 ……………（149）
表 7—3　不同职业分化类型农民家庭年收入 ………………（150）
表 7—4　不同职业分化类型农民的生活满意度比较 ………（151）
表 7—5　不同类型农民职业分化人力资本投入收益测算结果 …（155）

图表目录 Ⅱ

图1—1	研究框架	(19)
图2—1	多维动机模型	(38)
图3—1	1995—2010年农村劳动力非农就业人数比重变化	(43)
图3—2	全国乡村就业人口职业分布情况	(46)
图3—3	1978—2010年职业模式的变化	(53)
图3—4	从事非农职业农民的工作时间分布	(56)
图3—5	新中国成立以来中国农村人口数及所占全国总人口百分比	(60)
图4—1	发展中国家农村—城市的迁移与城市化	(87)
图5—1	不同性别农民分化职业类别分布情况	(113)
图5—2	不同受教育程度农民职业分化情况	(116)
图5—3	不同受教育程度农民职业分化类别比较	(117)
图5—4	不同婚姻状况农民职业分化情况对比	(118)
图5—5	家庭儿童数不同的农民职业分化情况对比	(121)
图5—6	家庭老人数量不同的农民职业分化情况比较	(122)
图5—7	不同性别农民就业地区选择的差异	(123)
图5—8	不同年龄阶段农民就业地区选择差异	(124)
图5—9	不同文化程度农民就业地区差异	(125)
图5—10	婚姻状况不同的农民就业地区比较	(126)
图7—1	各类地区农民职业分布情况	(147)
图7—2	不同工作地区农民家庭主要收入来源比较	(152)
图7—3	不同工作地区农民的生活满意度比较	(153)

第一章

导　论

第一节　研究背景与研究意义

一　研究背景

中国是一个农业大国，更是一个以农民为主体的农民大国。随着中国社会和经济的不断发展，"三农"（农业、农村、农民）问题已成为制约中国经济社会快速发展的主要瓶颈和关键问题。2004 年以来，中共中央连续 11 年针对"三农"问题下发了中央"一号文件"。解决"三农"问题，不仅是增加农民收入、加快农业、农村发展和建设社会主义新农村的必然要求，也是促进国民经济持续快速协调发展的必然要求，是构建和谐社会的必然要求。解决"三农"问题已经成为全面建设现代化的重大历史命题。

现代化的主要内容与特点包括工业化、城镇化以及农业现代化。也即，从农业时代向工业时代、农业经济向工业经济、农业社会向工业社会、农业文明向工业文明、从农村为活动区域向城镇聚集、从传统的农村生活方式向现代的城镇生活方式、从传统的小农经济向现代大农业的转变及其深刻变化。改革开放以来，我国的现代化水平不断提升，近年来，现代化进程也明显加速。但农业和农村劳动力的剩余，是我国现代化发展的主要瓶颈。如果不能促进大量农民分化到其他行业中去，不仅不利于农民增收，而且不能实现农业的规模化经营，也就不能实现农业的现代化，更会影响新农村的建设和国家现代化的进程。因此，农民逐渐从农业中转移出来从事非农职业，不仅是解决三农问题的重要途径，也是一个农业大国实现现代化的必然要求。

同时，伴随着农民职业身份的转换，越来越多的农民从农村向城市流动，也是国家经济增长和农业转型过程中最重要的特征之一。按照西方经济理论，如果劳动力是自由流动的，那么劳动力就业结构会和产业结构大体相似[①]。但是如果经济中存在限制劳动力自由流动的制度障碍，劳动力由农业部门向非农业部门的转移就会被人为阻断。在这种情况下，国家也可能通过某种非市场化的途径加速工业化过程，但农民的职业分化不可能与工业化过程同步，就出现了就业结构转换滞后于产业结构转换的现象，并且导致农村、农业的发展明显落后于城市和工业的发展。

世界发达国家的现代化进程，无不是伴随着完成农村劳动力向非农产业转移的历程。中国要想实现现代化、解决"三农"问题，也必须依靠农民职业分化来完成。改革开放以来，从事非农职业的农民由只有10%左右持续攀升到60%左右，无论从分化数量上，还是就业范围上，都明显扩充。农民的职业分化正在持续发展，而且对我国经济、社会和文化等各方面的现代化水平形成重要的影响。但是当前农民职业分化也存在一些困难和问题，这些问题应如何解决？此外，农民应向哪些行业和职业进行分化？怎样合理布局农村劳动力才有利于我国现代化建设和社会进步？因此，全面、系统、深入地分析我国农民职业分化的现状、特点和制约因素并作出发展对策，具有十分重要的价值和意义。

二 研究意义

"三农"问题是中国当前和今后一个相当长历史时期所面临的重大问题，而其中的主体和根本问题是农民问题。正如"三农"问题知名专家温铁军所指出的：综观中国的各种问题，农民问题是"基本问题"，不是"基本问题之一"，其他问题都是派生的或非战略性的，农民问题的研究带有根本性和战略性的意义。由于农民和农村人口占中国人口的大部分，解决农民问题的前提和主要方法就是减少农民，把农民从农业和农村转移到非农产业和城市中来。因此，对农民职业分化问题

---

① Lewis A., "Economic Development with Unlimited Supplies of Labor," *Manchester School*, Vol. 22, No. 2, 1954, pp. 139 – 191.

的研究就成为"三农"问题研究以及解决"三农"问题和推进我国现代化建设的关键研究。

(一) 理论意义

农民职业分化作为当前最引人注目的社会变化现象，理论界已给予了高度关注和重视。综观目前的相关研究，多数集中在社会学领域，农业经济方面的研究相对较少。同时，将农民职业分化从农民分化的研究中单独抽出来进行系统研究的也相对较少。因此，本研究的理论意义主要在于：

第一，将农村劳动力问题的研究推入更深的层次。

20世纪90年代以来，关于农村劳动力流动转移的研究层出不穷，但基本停留在考察农村劳动力在城乡以及农业与非农产业之间的流动和转移，并未在农民转移后的具体职业和就业专业化程度上进行研究。本研究在职业层面对农民分化进行研究的基础上，还按照农民职业分化的程度和城乡区域差异建立模型进行定量研究，将农村劳动力问题的研究更进一步细化和深入，对相关政策的制定具有更加直接的参考意义。

第二，将农民职业分化与现代化进程相结合，丰富对推动现代化建设的研究。

以往对农民职业分化的研究角度较为单一，多从农民分化的发展历程、现状、意义、影响因素、问题和对策角度进行研究。本书将农民职业分化问题与现代化进程相联系，深入分析二者之间的关系，明确农民职业分化对现代化进程的影响，并在此基础之上指出应如何推动农民的职业分化，以促进我国现代化建设，为相关研究开辟新的角度。

(二) 现实意义

近年来，随着社会现代化水平不断提高以及市场化的不断改革，农民快速分化，尤其体现在职业分化上。但是城乡二元经济的状况仍然未能改变，城乡分割的户籍制度还没有得到根本性的改变，社会保障制度也尚未彻底打破城乡分割的状态。一些建立在农民身份上的相关社会制度仍发挥着很大的作用，城乡的区域性差异依然明显。在这种背景下，农民职业分化虽然一直在快速地进行着，但仍远未定型。随着近年社会主义新农村建设的推进以及工业化、城镇化的加速,农民职业分化将在我国现代化进程中起到怎样的作用,需要进行跟进研究并为其指出正确的方向。具体说来,本研究的现实意义主要在于:

第一,有利于促进农民职业分化稳定发展。

随着近年来农民外出务工的增多以及城乡统筹发展,农民职业分化越来越明显。但是,在现有的宏观背景下,有的农民能够分化出去,有的不能,还有的分化后又回流到农村务农或者待业,分化具有多元性和复杂性。本书找出和把握在新的背景下农民职业分化的微观、宏观影响因素以及其规律和特征,从而一来可以通过对各影响因素对农民职业分化的影响程度和作用机理进行分析,有针对性地促进农民利用自身特长和主观能动性进行职业分化,同时根据宏观因素的分析提出相关政策建议,促使农民职业分化良好有序地进行;二来针对当前农民职业分化的盲目性和复杂性,在对农民职业分化的整体态势和规律进行把握的基础上,从农民自身和政府两个角度提出促进农民职业分化的条件和对策,引导农民实现合理、稳定的职业分化。

第二,为农民职业分化与促进现代化进程找到合理的结合点。

本书研究农民职业分化与现代化进程之间的实际关系,并探索如何引导农民职业分化以推动我国现代化进程。通过农民职业分化对工业化、城镇化以及农业现代化的影响,进而找到农民职业分化与现代化之间的内在联系,同时通过对农民职业分化及农民从事农业的意愿和限制因素的分析,找出农民职业分化和现代化进程之间合理的结合点,解决农民职业分化中阻碍现代化建设的主要问题,从整体引导农民科学分化,以达到引导农民合理分化以及促进现代化建设的双重目标。

第三,有利于促进农民增收和新农村建设。

通过对农民职业分化相关问题的研究,提出促进农民合理、稳定进行职业分化的相关对策,不仅有利于现代化建设,而且有利于促进农民增收和新农村建设。首先,由于劳动力转移是解决发展中国家农村剩余劳动力的一个有效途径,因此促进农民职业分化有利于将农村剩余的劳动力转移出来,发挥其最大价值,同时增加农民收入来源和数量。近年来一些学者的研究表明,我国外出打工的农民向家里汇款的比例高于其他国家，占外出打工农民人数的70.3%，并且这种汇款具有持续性，成为农村居民稳定的生活来源，对于提高农民家庭收入起到了重要作用。此外，农业部固定观察点的调查表明，农民外出打工收入占家庭纯收入的比重从1990年的9%提高到了2000年的23%，成为农民家庭收入的重要来源[1]。此外，农村劳动力从农业中分流出去从事不同的职业，不仅其收入有利于增加农业投入，而且可以促进土地集中，大大有利于劳动生产率的提高。同时，具有比较优势的农民留下经营农业，相对提高了农业劳动力的素质，进一步优化了农村产业结构。在城镇建设的同时，在以上条件下，新农村的建设必然加速发展。

第四，为促进农业现代化及"三农"政策的制定和实施增强针对性。

农民至今仍是我国最大的社会群体，同时也是弱势群体。农民问题历来是我国的中心问题。一个农民占多数的国家或省份是不能实现现代化的。发达国家的历史表明，现代化的过程就是农民逐步离开土地，走进工厂和城市，转化为非农业劳动者的过程。而农民的职业分化就是农村城镇化、国家工业化、农业现代化的过程。目前发达国家中直接从事农业生产的劳动人口比重一般都占全国劳动力总数的很小一部分，而在中国该比重仍然很高。虽然什么样的城市化率才算合适并不能一概而论，但农村第一产业劳动力的比重过高必然会影响农业现代化以及整个经济现代化的发展。农民职业分化是现代化进程的必然要求，也是解决"三农"问题的有效途径。一个国家的农民职业分化达不到一定水平，过多的低专业水平的农民集中在有限的土地上，就难以实现农业的现代化以及全面现代化。

政府为推动现代化建设以及农业、农村和农民所制定的政策最终会作用于每个农民，并影响到整个农业和农村的发展。农民随着历史时期和经济的发展逐渐发生分化，其所从事的职业也相应发生了变化。因此相关政策作用的对象也应随之发生改变。近年来很多相关制度和政策，如新型农村社会养老保险政策、农民工社会保障和土地保障政策等，都在不断地探索和完善的过程中。现阶段农民职业分化也在发展变化的过

---

[1] 于华：《中国农民分化问题浅析》，硕士学位论文，河南大学，2005年，第6页。

程中，有些农民已实现稳定的职业分化，有些仍未实现，还有一些将来可能发生分化。各种相关政策与农民职业分化之间必然产生相互的影响，针对不同政策哪些农民应包含在政策对象的范围内？本书通过对农民职业分化的纵向研究以及微观层面的探索，从职业分化角度将农民准确区分为不同类型，从而为政府实现现代化和解决"三农"问题所制定和实施的政策提供了针对性依据。

第二节 国内外研究现状

一 国内研究现状

由于农民职业分化是中国特有的现象，因此相对来说关于农民职业分化的研究并不是很多，而且多数集中在国内。改革开放以来我国农村社会结构开始发生快速变化。自20世纪80年代初期和中期开始，农民分化问题开始在中国各地农村陆续出现，学界对此研究也几乎同步出现和发展。学者最早是对农民分化问题整体进行研究，近年来针对农民职业分化问题的研究越来越多。

（一）关于农民职业分化类别划分的研究

对于农民职业分化类别的划分，最早的是陆学艺于1989年对农民阶层的划分，将农民划分为农业劳动者、农民工、雇工、农民知识分子、个体劳动者、私营企业主、乡镇企业管理者、农村管理者8个阶层[①]。该划分依据是以职业为基础，同时参考使用生产资料的方式和对所使用生产资料的权力以及收入等变量做出的。该划分方法得到学界的认可或参考，也成为很多学者划分农民职业分化类型的依据。中共中央政策研究室、农业部农村固定观察点办公室（1994）在陆学艺研究的基础上将我国农民的职业划分为10种类型：农业劳动者、农民工、乡村集体企业管理者、个体或合伙工商劳动经营者、私营企业经营者、受雇劳动者、乡村干部、教育科技医疗卫生文化艺术工作者、家务劳动者、其他劳动者。陈家骥（1995）、金一虹（1995）、陈会英、周衍平、

---

① 陆学艺：《重新认识农民问题——十年来中国农民的变化》，《社会学研究》1989年第6期。

赵瑞莹（1996）等都采用了这种划分。姜长云（1995）将农民的职业分为企事业单位领导干部、村民委员会干部、专业技术人员、办事人员、工人、农民及其他体力劳动者以及军人7个大类，并划分出相应的小类。戚斌（1995）将农民职业类别划分为农业劳动者、乡镇集体企业劳动者、个体或合伙工商劳动者、私营企业主、受雇劳动者、乡村管理者以及教育、科技、医疗卫生和文艺工作者7类。林元（2001）将农民的职业类别划分为农业劳动者层次、农民工层次、乡村集体企业管理者层次、个体或合伙工商劳动者层次、私营企业经营者层次、受雇劳动者层次、农民知识分子层次、乡村脱产干部层次。曹金波、杨成胜（2003）按照陆学艺提出的标准，将农民职业分化的类型修正为：农村干部、集体企业管理者、私营企业主、个体劳动者、智力型职业者、乡镇企业职工、农业劳动者、雇工、外出务工工人、无职业者十类。董树彬、赵艳芳、赵娜（2008）也按照陆学艺的划分标准，将农民职业划分为12种类型，即农业劳动者、农民工、雇工、私营企业主、个体工商户、农业专业户、乡村党政机关工作干部、村领导干部、村一般干部、农村教育工作者、农村医务人员和其他劳动者。张艳（2009）认为当前我国农民的职业主要有职业农民、企业雇工、个体工商户、私营企业主这4类。岳花艳（2009）以职业分类为基础，把农民分为农业劳动者、农民工、失地农民、经营性农民、乡村两级管理者和农民知识分子6大类。陈会广、单丁洁（2010）以农户为考察单位，将农民分为纯农户、兼农业户和非农户3类进行研究。秦雯（2012）将农民划分为粮农、种经济作物、农业生产大户、农业个体户、非农个体工商、村干部、农民工及农转非8大职业。

姜海燕、李英忠（1995）认为衡量农民职业分化的程度，一看从业性质和结构，二看从业地点和环境。二者联系起来，看离土离乡的程度。他们把该村农民职业分化的情况分为专业和兼业2大类。一是专业类，指从事第一产业以外的一种行业。又可划分3种型能：其一，离土离乡典型；其二，离土不离乡典型；其三，城乡各半型。二是兼业类，指不放弃土地经营，又从事其他行业。根据行业性质可分为7种形态：其一，运输业；其二，加工业；其三，商贸业；其四，建材业；其五，养殖业；其六，耕种服务业；其七，管理服务业[①]。

此外，陈会英、周衍平（1996）根据农民就业结构的变化，将农民职业分化分为：前分化型、低度分化型、中度分化型和高度分化型4个阶段。农民由前分化型向低度分化型，经由中度分化型到达高度分化型是中国农民职业分化的总趋向。并认为当时我国农民职业分化处于低度分化阶段，东部地区已进入中度分化型，西部部分地区仍处于前分化型。

（二）关于农民职业分化前提的研究

关于农民职业分化前提的论述，学者们基本意见相似或相同。中国城市、农村社会变迁的实证研究课题组（1993）认为，农业综合生产能力与综合村力的显著提高，为农民的职业分化创造了必要的基本前提。欧阳青、叶淑英（2007）认为农民分化的前提条件有二：农村有劳动能力的劳动者的独立和自由；市场经济发展已形成一定的规模，比较利益、效益优先对农民有强烈的吸引力。总之，关于农民职业分化的前提学者们基本认定在农业生产能力的发展和提高、农业劳动者的独立和自由、市场的发展和完善、经济和社会的发展等几个方面。

（三）关于农民职业分化的意义和影响（效应）的研究

冉志、郑万军（2006）认为农民职业分化是转移农村剩余劳动力、增加农民收入、提升农民自身素质的重要途径。农民自谋职业、自主创业、自主脱贫，开发了农村"劳务经济"，为农民增加了大量的经济收入，为城镇经济发展增强了实力，注入了新的生机和活力，带动了农民的一次创业，培育了农村经济发展新的增长点。打工已成为农民增加收入的重要渠道；农民职业分化是推进城市化和第三产业发展的重要力量。我国农民为城市建设与发展做出了巨大贡献，城市的繁荣昌盛，城市生活的重大变化，城市面貌的巨变，城市公共设施的改善等都离不开农民工的参与。加快农民职业分化对我国全面实现小康、构建社会主义和谐社会具有重要意义。社会主义和谐社会的构建必须首先解决包括广大农民在内的贫困问题。而目前我国存在严重资源制约、人地矛盾突出

[①] 姜海燕、李英忠：《关于小三家子村农民职业分化的调查与思考》，《黑河学刊》1995年第3期。

的情况下，解决农民贫困问题的根本就在于大力转移农村剩余人口，进一步促进农民职业分化。

戚斌（1995）认为，农民职业分化与农村经济社会的发展相互联系和促进，产生了积极的经济社会效应，但也带来了一些问题：正面的效应包括利于经济发展、活化了生产要素并促进了劳动力市场的建立和完善、带动户籍和就业等方面制度的改革、有利于提高农民素质推动社会进步等；负面的影响包括造成农业劳动力不足和土地荒芜、影响非农产业有机构成的提高、带来城乡流动人口的急剧增加等。

付少平、张琳、荆峰（1999）认为农民的职业分化对农业变迁具有一定的影响，主要表现在：农民分化是影响农业变迁模式形成、发展、演化的重要因素；农民的分化影响着农民的心态与行为，制约着农村经济和农村社会的稳定发展；农民的分化影响着社会整体结构的变化，制约着农村经济和农村社会的结构创新。温莲香（2006）认为，农民的职业分化有利于解决农村剩余劳动力就业问题，缓解人多地少的矛盾；有利于农民收入多元化，提高农民收入；有利于提高农民的素质，改变农民传统的思维和生活方式，为实现向市民的转变创造条件；促进小城镇发展，有利于推动城市化进程。吴庆国（2008）也论述了农民职业分化对提高村民素质的影响。李雪、穆利军（2008）提出农民职业分化的功能主要在于：实现农民生活宽裕；推动农业生产发展；提高村民素质。周世强（2010）认为中国的市场经济成果是农民弥合城乡二元结构的见证，意指农民的职业分化对城乡二元结构变迁具有弥合效应。

欧阳青、叶淑英（2007）从另一方面分析了农民职业分化带来的问题，主要包括：农业生产发展后劲不足；对城市社会、生活环境造成影响；农村人口管理难度增大；小城镇无序发展。

（四）关于农民职业分化原因和动力的研究

金榜（1986）认为"农活不够干，产品不够用"的人地关系矛盾是引起农村职业分化的最根本动因[①]。中共中央政策研究室、农业部农村固定观察点办公室（1994）将农民职业分化的原因归纳为：经济发

---

① 金榜：《农村职业分化状况及其社会影响》，《社会学研究》1986年第5期。

展是农民职业分化的根本动因；农村改革以来的经济政策调整是农民职业分化的巨大推动力；社会经济环境是影响农民职业分化的重要条件；自身素质是农民职业分化的决定性因素。戚斌（1995）将农民职业分化的主要原因归纳为四个方面：经济驱动是农民职业分化的根本动因；政策驱动是农民职业分化的巨大推动力；不同的社会经济环境是影响农民职业分化的重要条件；劳动者素质提高是引起农民职业分化的内在动因。陈会英、周衍平、赵瑞莹（1996）将农民职业分化的动因归结为四个方面：农村生产力的发展进而带来的农村产业分化是促进农民职业分化的根本动因；农村产业间的预期比较利益差异和农民对利益最大化追求是导致农民职业分化的内在动因；市场需求、经济政策是导致农民职业分化的外在动因；农民自身素质的提高是农民职业分化的决定因素。冉志、郑万军（2006）提出城乡收入差距以及稀缺的耕地资源和庞大的农村人口间的矛盾是农民职业分化的两大主要原因。刘涛（2006）认为水族农民文化素质的提高与传统思想观念的改变是农民职业分化的基本动因之一。农业现代化不仅依靠科技的推广、技术的更新，更要依靠作为生产主体的劳动者素质的提高，劳动力的文化水平直接关系农村经济的发展和农民职业的分化。孙小贞（2007）认为农民职业分化的具体原因包括：农业比较利益低，经营风险大，农民负担重，是农民职业分化的重要压力；改革开放以来，通过各种形式征用农地的"圈地运动"使许多农民失去土地，就业及社会保障无着落；改革的纵深推进，城乡收入的不平衡带来旧的乡土观念的改变，是农民职业大规模持续分化的不可缺少的重要外部条件；义务教育与高等教育的发展普及，使许多农民走出大山，告别面朝黄土背朝天的生活[①]。欧阳青、叶淑英（2007）分析农民分化除了农村经济体制改革带来的农村剩余劳动力增加这一根本原因，以及社会经济的快速发展导致的城市对农村劳动力的需求引力外，还有城乡收入差距的日益扩大成为农民分化的内在动力，同时教育和信息产业的快速发展是推进农民分化的"加速器"。陈盛千（2009）分析农民职业分化的原因主要是城乡收入差

---

① 孙小贞：《现阶段农民阶层分化及其具体原因》，《湖北省社会主义学院学报》2007年第6期。

距、机会成本以及教育。郭玉云、袁冰（2010）以新疆 X 村为例分析了影响农民职业分化的因素，指出人地矛盾是推动农村居民向其他职业转移的主要原因，此外，城市的辐射作用也推动了农民的职业分化。刘朝峰、王尚银（2012）认为，推动农民职业分化的主要动力在于生产力水平的提升、社会分工以及利益的驱动、市场化改革所引起的体制变化、需求结构的变动及其对新职业的需求。

（五）关于农民职业分化影响因素的研究

许多学者认为影响农民职业分化的因素是多方面的（金榜，1986；陈会英、周衍平，1996；中共中央政策研究室、农业部农村固定观察点办公室，1994；戚斌，1995；刘涛，2006；冉志，2006）。总体来讲，包括历史的因素、现实的因素、宏观的因素、微观的因素、客观因素、农民自身因素等各方面。早期的研究多从农民职业分化的原因的角度进行分析，近年来对于影响农民职业分化的因素的定性和定量分析逐渐多了起来。

冉志、郑万军（2006）分析了我国农民职业分化的几大制约因素，认为户籍制度对于我国农民职业分化是最为根本的制度制约，乡镇企业和城镇化建设发展步伐缓慢是其载体约束，劳动力市场发育缓慢是其市场约束，劳动力素质低也是阻碍农民职业分化的重要原因。牟少岩、仇焕广、陈秀、张珍（2007）对影响我国农民职业分化的宏观和微观因素进行了较为全面的分析，认为宏观因素主要包括：经济发展，城乡收入的不平衡，包括户籍制度、社会保障制度、劳动力市场制度、农地制度在内的体制因素这三大因素；微观因素主要包括：受教育程度、年龄、性别等农民自身因素，农户占有的农业资源、家庭劳动力状况及其他家庭因素，区位特征等农民居住地因素等。陈秀（2008）对青岛地区农民职业分化的微观影响因素进行了定性与定量的分析，结论与牟少岩（2008）基本相同。张珍、陈锦铭、仇焕广（2008）对影响农民职业分化的经济因素进行了探析，认为：总体经济发展是农民职业分化的基础；农村经济的发展和经济结构的调整促进了农民在农业内部的职业分化；城乡收入的巨大差距直接诱导了农民职业的分化；区域经济发展的不平衡导致了农村劳动力的流动和农民职业分化的不平衡。洪睿（2009）从初职与现职的流动和变化方向角度，将农民的职业流动分为水平流动、向上流动和向下流动，并选取性别、年龄、自评健康状况、是否参与培训、征地补偿款以及更换工作的次数等若干指标，对农民职业分化的影响因素进行了定量分析，并得出相关结论。张艳（2009）认为年龄是影响农民职业分化的重要因素，而且年龄与农民职业分化之间紧密的相关关系，是在不同年龄情况下农民接受教育状况、婚姻家庭状况以及用工单位对农民年龄限制等多种内外因素综合作用的结果。郭玉云、袁冰（2010）以新疆 X 村为例进行了研究，认为城乡社会结构的差异使进入城市的农民要融入城市社会往往需要一个过程，既缺乏能力、资金又没有任何保障，这一客观现实往往极大地消减了农民"走出去"的积极性，束缚了他们向外迈出的脚步，使广大农民长期困守在小农生产之中，处于有心无力的状态。

（六）关于推进农民职业分化对策的研究

很多学者基于相关的研究，对于如何推进农民职业分化都提出了政策建议。牟少岩（2008）呼吁加快农民职业分化过程中的各种制度改革，并加强农民教育培训，努力提高农民素质，同时实施城镇化战略。对于每一种政策建议，他还提出了一些具体的对策建议，如加强企业对农民工的职业培训、建立农民培训的终身制等。陈秀（2008）的建议与牟少岩基本一致，她还提出了大力发展农村工业化的建议。陈会英、周衍平、赵瑞莹（1996）提出推进中国农民职业分化的对策，包括：加强农业投入，稳定农业发展，提高农业劳动生产率；实行城乡通开、城乡产业结构重组，扩大农民职业分化的空间领域与产业容量；加强农村教育，提高农民素质。董树彬、赵艳芳、赵娜（2008）针对河北省的农民分化状况，提出对策，包括：调整农村产业结构，发展县域经济；加大对河北省山地和高原地区的扶持力度等。巩素萍（2003）提倡推进农业产业化经营，延长农民就业链条；大力推进小城镇建设，建设一代农民城；努力消除制度和体制障碍，不断降低进入城市的"门槛"；大力发展第三产业，多方面扩展劳动力需求；保护和发展农村私人资本，放手发展民营经济；提高劳动者素质，尽快解决劳动力数量型过剩与质量型短缺的矛盾；建立和完善农村社会保障体系等。温莲香（2006）建议在引导农民跨地区流动的同时，有计划地发展和合理规划中小城镇，通过降低教育成本来提高农民素质，完善农村剩余劳动力合理流动机制,健全农村社会保障制度等。陈盛千(2009)的建议有五点,分别为改革户籍制度、加大农村的教育投入、建立完善农村土地流转制度、建立健全农村社会保障制度、推进小城镇发展。冉志、郑万军(2006)的建议为:控制农村人口增长与加速农村剩余劳动力转移相结合;继续深化以户籍和土地制度为主的各项制度改革;创造新的非农就业机会;加大农村人力资源培养的力度,提高农民非农就业的能力等。郭玉云、袁冰(2010)除了提出建立配套的政策措施、加大小城镇建设力度、加强农民技术培训外,还建议多方式、多途径弱化农民职业分化的风险。孙迪亮(2012)构建了人力资本归农制度、农业园区经营制度、农村社会保障制度、农民教育培训制度四大农民职业分化的制度。欧阳青、叶淑英(2007)建议加快农业产业化发展,促进农民有序合理地分化;全面推动农村城市化;加强科学技术培训,提高农民素质。

二 国外研究现状

由于农民职业分化是中国特有的现象和名词,因此国外并无专门针对该问题的研究。目前,国内相关研究的文献综述中或缺省国外研究概况,或是对国外关于农村劳动力转移问题的研究和经典理论进行简单阐述。根据查考,发现国外虽无关于农民职业分化的研究,却有关于农村劳动力职业和城乡转移,以及工作决策的相关研究,这些研究与本书的研究内容较为相近,在此对其进行简单综述,其中较为经典的具有代表性的研究和理论放在"理论基础"部分介绍。

首先,许多国外学者(Cook[1]、Knight J.,Song L.[2]、Taylor[3]等)也认为中国有大量的剩余劳动力。Arunava Bhattacharyya,Elliott Parker 在1999年测算中国农村剩余劳动力占农村总劳动力的35%—40%。

---

[1] Cook S., *Employment and Income Distribution in Rural China: Household Responses to Market Transition*, Harvard: Harvard University, 1996.

[2] Knight J. S. L., *Chinese peasant choices: migration, rural industry or farming*, University of Oxford: Institute of Economics and Statistics, 1996.

[3] J. Taylor, "Rural employment trends and the legacy of surplus labour, 1978 – 1986," *China Quarterly*, Vol. 139, 1988, pp. 669 – 698.

Adam 等人认为在平衡效率与公平的基础上如何吸纳这些农村剩余劳动力是当前中国持续发展道路中面临的一个困境。而且 Adam 等人发现，许多中国农民相对于进城务工来讲，更偏好于在本地谋求非农职业以获取非农收入[①]。

Hare 发现人均生产性资本对劳动力转移没有显著影响，但它能够增加转移的持续时间；同时，他对于文化水平对劳动力转移决策的影响的研究发现，正规教育对迁移概率并无影响[②]。

Stark 认为农民的转移决策不是个人行为，而是内部决策制定群组（例如家庭）的集体决策，而且是对"相对贫困"的一种反应[③]。

早在20世纪90年代，就有学者将农村家庭的劳动力转移决策制定过程看作是一种随机的过程。Mohapatra，Rozelle and Huang 对中国农村的生产模式改革进行了研究，并将农民的生产经营行为分成务农、非农职业、企业就业与城乡迁移四种[④]。

Tuan F.，Somwaru A.，Diao X. 以及 Song L.，Knight J. 分别在2000年和2003年阐述了农民在本地从事非农职业或是离开农村从事非农职业的决策的重要性。而另一些学者，如 Knight J.，Song L.，Jia H. 和 Hare D. 以及 Roberts K. 等人，分别在2000年前后关注了迁移（进城）与留乡从事非农职业的农民数量差异。

此外，还有很多学者，如 Heckman J. J.（1981）、Zhao Y.（1999，2001）、Yao Y.（2001）、Wooldridge J.（2002）、Tuan F.，Somwaru A.，Diao X.（2000）等，都研究了中国农村劳动力的工作选择问题。Adam Zhuo Chen，Wallace E. Huffman，Scott Rozelle（2004）在 Huffman（2001）研究的基础上，将中国农村家庭的职业决策分为专门务农、兼

---

① Rozelle Adam, Z. C. E., Migration And Local Off-Farm Working In Rural China. *American Agricultural Economics Association Annual Meeting*, U. S. A.: Denver, 2004.

② Hare D., "The Determinants of Job Location and Its Effect on Migrants' Wages: Evidence from Rural China," *Economic Development and Cultural Change*, Vol. 50, No. 3, 2002, pp. 557 – 579.

③ Stark O., "Path Dependence and Societies Strategies in Eastern Europe," *East European Politics and Societies*, Vol. 6, 1991, pp. 17 – 54.

④ Mohapatra S., Rozelle S., Huang, *Evolution of Modes of Production During Development: Evidence from China*, Los Angeles: 2000.

业,至少一名家庭成员在一定时期内外出务工三种。

Wlliam Mcguire、Belton Fleisher、Ian Sheldon (2009) 对中国农民非农就业机会与受教育机会之间的关系进行了论证。William L. Parish, Xiaoye Zhe and Fang Li (1995) 基于 1993 年的调查,对中国农村的非农工作和市场化问题进行了分析。

此外,国外有些学者关于农户农业经营者和农民家庭劳动力职业分配进行了研究。勃斯鲁普和她的追随者就发展中国家农村女性对经济的贡献进行了实地研究,用大量真实的数据证明农村女性劳动力是粮食生产的主体力量:在非洲和亚洲,60%—80% 的农业劳动力是女性;在拉丁美洲,40% 的农业劳动力是女性,即便是在经济和农业均高度发达的加拿大,农村妇女也是农业生产的重要力量[1]。据日本农林水产部的《农林业统计》资料分析,从农业就业人口来看,1965—1995 年三十年间,从就业年龄来看,30—34 岁的农村男性劳动力占 12%,农村女性劳动力占 27%,40—44 岁农业就业者中,农村男性劳动力占 18%,农村女性劳动力占 35%,50—54 岁农业就业者中,农村男性劳动力占 30%,农村女性劳动力占 55%。从经营耕地面积看,中小规模经营的农户多数农村男性劳动力是以农业以外产业为主,农村女性劳动力则是以农业为主。[2]

三 国内外研究简要述评

国外学者在农村劳动力的流动转移方面的研究成果已有很多,多数集中在对农村劳动力在务农与从事非农工作,或是留乡与迁移进城方面进行阐述,也有一些学者从工作(职业)的角度将农村劳动力的转移决策细分为留乡务农、本地从事非农职业、兼业、迁移从事非农职业等类别。国外从 19 世纪直到现在的相关研究为本书提供了有益的借鉴。但最大的不足是由于历史和现实的原因,国外缺乏关于农民职业分化的研究。

---

[1] 吴勉、卿卫东:《加拿大农业及农村信息服务——赴加拿大考察侧记》,《广西农学报》2003 年第 1 期。

[2] 孙瑶:《妇女与印度社会经济的发展》,《南亚研究季刊》1996 年第 2 期。

国内对于农民职业分化相关问题的研究较之农村劳动力流动转移等问题相对起步较晚，而且主要起始于社会学领域的研究。到目前为止，对此问题的研究越来越丰富，为本研究提供了较多的经验和启示。但是总体来看，目前我国关于农民职业分化的研究仍在发展之中，还存在着一些较为明显的不足和缺陷：第一，从研究内容来看，目前对于我国农民职业分化的总体研究主要集中在模糊的定性分析上，而且相对年代较远，缺乏结合数据对当前我国农民职业分化现状的较为精确的分析；较大范围的调查和实证研究也相对不足。第二，从研究的视角来看，目前对中国农民职业分化问题的研究主要从社会学的角度，或是简单地从经济学角度进行分析，研究相对分散，缺乏深入的经济学角度的系统研究，以及综合的、多学科视角的分析。第三，从研究的对象分类来看，目前对于农民职业分化的研究主要都集中于将农民的职业按照陆学艺的八大类或是对其进行修正分成若干类，较少从分化程度及城乡区域角度分类进行研究。第四，从研究方法上来看，现有的研究中定性研究较多而定量研究相对不足，而且在为数不多的定量研究中，目前还仅限于对农民职业分化的微观影响因素的研究。第五，农民职业分化必然会带来农村劳动力向二、三产业以及城镇的转移，但目前尚无将农民职业分化与工业化、城镇化以及农业现代化结合起来的研究。

第三节　研究目标与研究内容

一　研究目标

基于前人研究的现状和相关成果，本书拟通过利用相关理论、统计资料，以及对河北省的实地调查数据，进行理论与实证分析，回答以下问题：（1）当前中国农民职业分化的总体现状与特点是什么？（2）农民职业分化行为的环境如何？农民职业分化与工业化、城镇化、农业现代化及现代化进程之间的关系是什么？（3）农民职业分化的个人动机与限制因素是什么？也即，哪些因素影响农民职业分化的水平？哪些因素影响农民职业分化在城乡间的区域选择？（4）农民职业分化的行为决策是如何做出的？（5）农民职业分化行为的绩效和报酬如何？（6）为了推动我国现代化建设，解决"三农"问题，应该如何引导和促进农民职业分化?

二　研究内容与结构安排

根据配第克拉克定理,随着我国经济的发展和国民收入水平的提高,农村劳动力必然会出现分化,部分农民逐渐从农业中分离出来,进入二、三产业。在当前我国农业就业严重不充分的情况下,农民选择兼业或完全脱离农业的方式分化其他职业,是必然趋势和现象。从农民个体来看,与经济学和社会学所研究的一般样本一样,农民也是理性的"经济人"。他们会根据自己的个人条件、家庭特征、社区环境以及宏观大制度就不同的职业分化方式和地点做出理性的选择,以期实现自身效用最大化。根据期望收入理论和新劳动迁移理论,作为理性"经济人"的农民会产生对自身当前生活的不满足感和进行职业分化的愿望,当环境和自身条件允许的情况下,这种需要和愿望会变成职业分化的动机。

本书以组织行为学中的行为动机理论为基础,以现代化进程中的农民职业分化问题为研究对象,研究当前我国农民职业分化的现状、特点、环境以及分化的动力和能力,并在此基础上对农民职业分化的绩效和报酬进行分析,研究农民职业分化的整个行为过程。研究的主要内容和结构安排如下:

第一章,导论。阐述研究的背景及理论与现实意义;对国内外现有相关研究进行全面梳理,并对从各个角度进行的不同研究进行简单总结和评述;介绍研究目标和内容,并构建研究的思路和框架;说明研究方法以及数据来源;对研究的创新点进行说明。

第二章,理论基础与相关概念界定。对农民职业分化相关的经典理论进行系统介绍,包括社会分化理论、农业劳动力向非农产业转移理论、人力资本投资理论、产业结构理论、组织行为学的行为理论等;明确研究的对象及主要概念。

第三章,我国农民职业分化现状分析。根据相关统计资料、实地调查数据,以及相关研究资料,总体分析和说明我国农民职业分化的现状与特点;在此基础上找出当前我国农民职业分化存在的主要问题与困难;并分析我国农民职业分化受到的主要限制有哪些。

第四章，农民职业分化环境分析。基于当前我国农民职业分化的现状，分析农民职业分化的主要环境因素，包括制度因素、整个经济社会发展因素，在此主要是现代化进程。结合相关统计数据并利用格兰杰因果检验，从理论和实证两个角度分别分析和验证农民职业分化与工业化、城镇化、农业现代化的关系；利用实地调研数据，最终阐述农民职业分化对现代化进程产生的直接影响和间接影响。

第五章，农民职业分化动机与能力分析。本章主要从微观层面，运用比较分析方法，利用实地调查数据，从农民职业分化的水平以及在城乡间地区的选择两个角度，从农民个人特征、家庭特征、生活状况等方面，对不同分化类别的农民进行比较分析，并结合卡方检验方法，归纳和验证不同分化类别农民的个人、家庭等特征，从而找出促进和限制农民职业分化的主要个体因素，并为下面对农民职业分化决策行为的分析奠定基础。

第六章，农民职业分化行为分析。本章基于行为主义的分析方法，从农民职业分化的行为决策角度，运用调查数据，从非制度性微观层面分析影响农民职业分化选择的主要因素和相应变量，以微观因素为主体，构建农民职业分化类别多元选择模型和农民职业分化地区选择模型，从实证角度分析影响农民职业分化行为决策的主要因素。

第七章，农民职业分化绩效与报酬分析。首先对农民职业分化行为决策的结果也即农民职业分化的绩效进行分析，结合调研数据，从农民职业分化程度不同和城乡区域不同两个角度，分析农民职业分化的结果。之后，将发展经济学的人力资本投资理论引入到农民职业分化的行为分析中，从人力资本投入与收益的比较视角，分析农民职业分化行为的报酬水平，并据此推断农民职业分化的原因、效果、满意度及后续可能的行为。

第八章，结论与政策意义。总结主要研究结论，并在此基础上提出相应的政策建议。

三 研究框架

本书的研究框架如图1—1所示。

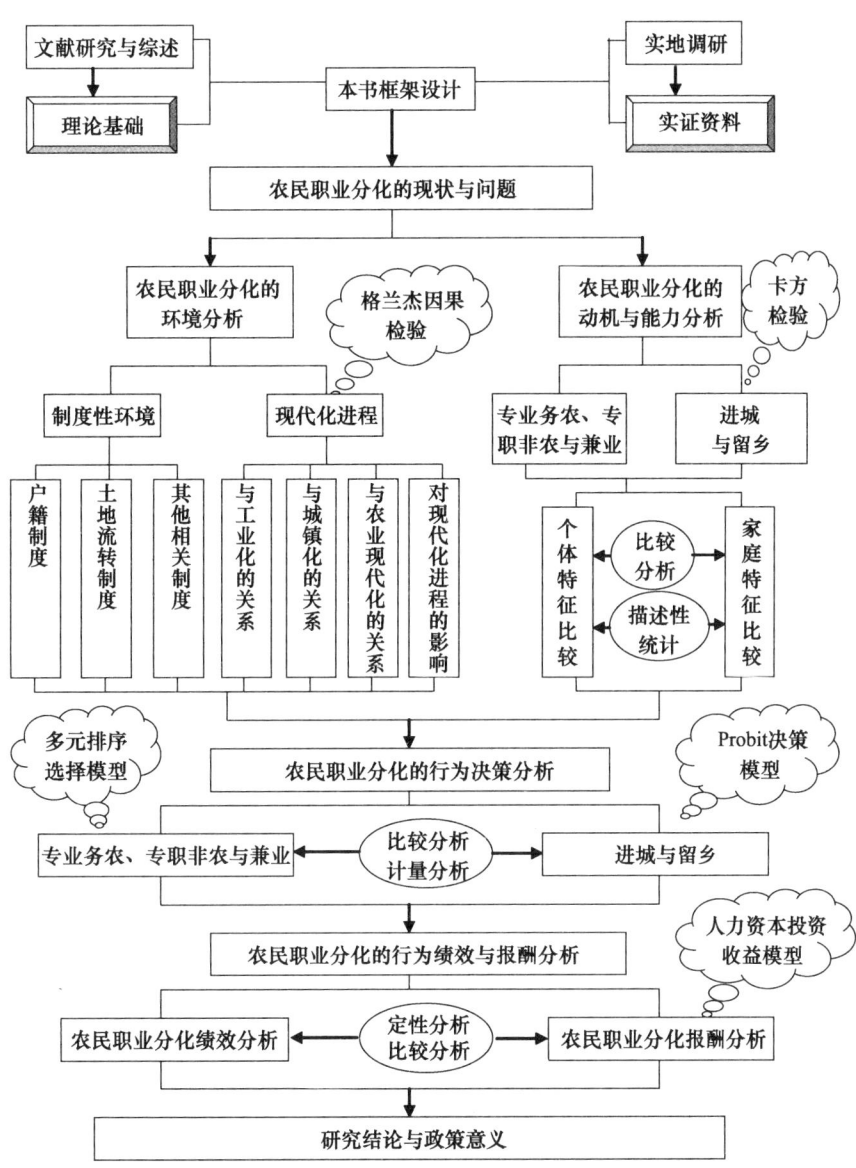

图1—1 研究框架

第四节 研究方法与资料来源

一 研究方法

由于农民职业分化是一个社会学、经济学、人口学与历史学等多学科的交叉研究对象,因此本研究以相关学科的理论为基础,借助发展经济学、农业经济学、制度经济学、产业经济学、劳动经济学、社会学、人口学和统计学等学科较为成熟的理论和研究方法,采用规范分析和实证分析相结合的方法,借助相关研究成果和理论以及统计数字,分析中国农民职业分化的现状与特点,研究农民职业分化与现代化进程的互动关系;从实际调查入手,建立农民职业分化类别选择模型和地区选择模型,分析影响农民职业分化水平和城乡选择的主要因素;最终为农民职业分化的政策制定主体和行为主体提供可操作的政策性建议和理论依据。具体而言,本书采用的研究方法主要包括:

1. 文献阅读与借鉴法

通过阅读大量的一手文献资料,掌握当前农民职业分化的研究动态和研究方法,找出本领域研究的薄弱环节,确定研究的背景和理论框架。在文献评述的基础上提出有待研究和解决的问题,确定研究主题和内容,并设计问卷和深度访谈提纲。

2. 问卷调查与入户访谈相结合的方法

本书以河北省为例分析我国农民职业分化的问题,其中除统计资料以外的数据,大部分来源于问卷调查。通过设计和调整问卷,经过三次发放和回收问卷,获取和了解农民职业分化的现状、个人与家庭的基本情况、就业情况和生活现状等数据,以供实证研究所用;除调查问卷获取数据以外,为了进一步证实和深入了解农民职业分化情况和意愿,本研究还选取重点地区深入农户进行访谈,不仅提高了问卷结果的可信度,还依据访谈结果形成了案例。问卷调查与入户访谈相结合,达到了点面结合的效果。

3. 比较分析法

书中多处用到比较分析的方法。对不同分化程度和不同区域分化农民的个人特征、家庭特征、生活和工作特征等各方面进行比较;对不同分化程度和不同分化区域农民的职业、报酬进行比较。

4. 定性研究与定量研究相结合的方法

本书在研究时坚持定性研究与定量研究相结合的原则，在很多部分，如对中国农民职业分化现状与特点的分析、农民职业分化的环境分析、农民职业分化的动机与限制因素分析、农民职业分化的绩效与报酬分析等部分，都是将理论分析与描述性或推断性统计方法进行结合，双管齐下进行研究。

5. 计量分析法

采用排序选择模型对农民不同职业分化水平的决策进行分析；采用 Probit 模型对农民职业分化的地区选择决策进行分析；等等。

二 数据来源

本研究宏观层面数据主要来自官方统计数据，微观层面的数据全部来源于对农民的问卷调查以及入户访谈。

（一）统计数据

本书采用的全国性数据和区域性数据来自《中国统计年鉴》、《中国农村统计年鉴》、《中国农村住户调查数据》、《全国第六次人口普查数据》、《中国劳动统计年鉴》等统计资料以及相关政府部门或研究机构的全国性或区域性的课题调查数据。

（二）实地调查数据

本研究使用的实地调查资料主要通过"问卷调查"和"个人访谈"两种方式获得。关于实际调查资料及调查过程，需要进行以下说明：

1. 问卷设计

通过设计问卷试图获取以下信息：①农民职业分化的现状，了解当前农民职业分化的程度、区域以及就业类别、获取工作的方式，以及工作的时间和收入等基本情况；②受访农民年龄、性别、婚姻状况、文化程度等方面个人数据，以便分析个人因素对于农民职业分化的影响；③受访农民家庭耕地面积、劳动力人数、家中需要照顾的老人和儿童数量等信息，以便揭示农民职业分化的家庭特征；④获取农民家庭所处社区的基本情况，如所处地区类别、到县城的距离、村中企业数量、土地流转情况等，以分析影响农民职业分化的社区因素；⑤受访农民生产和生活状况信息，了解不同职业分化类别农民工作、生产和生活的情况，用于判别农民职业分化对农民生活、收入以及农业生产的影响；⑥不同职业分化类别农民思想观念信息，包括他们对非农就业、农业生产、子女教育、城市化等问题的主观认识和判断，以了解职业分化对于农民思想观念的影响以及对现代化进程产生的直接和间接影响。

2. 调查地点的选择

河北省位于华北平原，全省内环首都北京市和北方重要商埠天津市，东临渤海，拥有山区和平原等多种农业自然经营环境和多样化的经济发展形态。2011年年末人口7241万人，居全国第六位；其中乡村人口3946万人，是一个农业人口大省。另据《河北省农村统计年鉴》数据，2011年河北省全部乡村就业人口中，分布在农林牧渔业的占48.99%，也即从事非农产业的农民已超过全部乡村人口的半数，职业分化较为显著。对于分析全国的情况具有较为全面的代表性。

此外，从行政区划上，河北省辖11个设区市、172个县（市区），1962个乡镇。各县地理、经济、农业、工业、社会和城市发展情况不同，也在一定程度上保证了调查的全面性和代表性。

本书在对农民职业分化微观影响因素研究和典型案例研究部分，主要依靠对河北省农村地区和农民的调研，以求尽量代表和说明全国农民职业分化的问题和情况。本研究借助在校大学生，对河北省11地市的所有农村地区，综合考虑各县市的农业人口情况、区域自然条件和经济发展情况，进行抽样调研，获取调查问卷数据；此外，为了深入把握农民职业分化的流动规律和特点，并进行个案深入剖析，笔者于2012年暑假期间带领"挑战杯"参赛学生及学生志愿者，根据地区经济发展水平和工业、城市发展水平的不同，选择保定市安新县狮子村、邢台市浆水镇清沙坪村和沧州市南大港区十里河村等几个重点农村地区展开了深入的入户访谈，保证了调查的可靠性和点面结合。

3. 调查方法

问卷调查采取学生调查员面对面访谈并填写问卷的方式；入户访谈采取面对面访谈的形式。

在明确研究内容和调查目的的基础上，在对问卷进行设计、修改、确定后，首先对选择的在校大学生进行培训，在对其进行调查目的、重要性、调查内容和方式方法等各方面进行培训后，采取自愿的原则，每人带回一份问卷进行调查，达到了良好的效果。问卷共分三批完成，首先是2011年暑假，发放200份问卷，通过此次较小样本调查结果，重新审视和检验问卷初稿，发现问卷设计中存在的遗漏和不足，并剔除相关度较低的测量项目，利用修正后的问卷进行第二次（2011—2012年寒假）和第三次调查（2012年暑假），保证了问卷测量项目的效度和信度。调查至2012年8月全部完成，三次调查共发放问卷1800份，回收1697份，问卷回收率94.3%；其中有效问卷1518份，回收问卷有效率89.5%。有效问卷具有较好的代表性和可信度。

入户访谈方法主要为选择重点村落后，首先向村干部详细访谈，了解村落的基本情况，包括全村人口、劳动力人数、户数、耕地面积和主要作物、村中企业情况、农业经营大户和职业分化典型农民和农户的情况等，之后再对重点农户和农民按照提纲进行深入访谈并做记录。

4. 调查样本的基本情况

（1）样本地区分布

调查对象分布于河北省11地市的所有农村地区，各县（区、市）获得的有效问卷份数如表1—1所示。

表1—1　　　　　　　　调查样本区域分布情况

地区	问卷调查涉及的县以及问卷份数
石家庄 （170）	辛集市（19）藁城市（45）晋州市（20）新乐市（26）鹿泉市（22）深泽县（16）无极县（18）赵县（19）灵寿县（15）高邑县（18）元氏县（22）赞皇县（18）平山县（18）井陉县（13）栾城县（11）正定县（20）
唐山 （102）	路北区（1）古冶区（2）开平区（6）遵化市（10）丰南区（6）迁安市（12）丰润区（10）滦县（15）滦南县（12）乐亭县（6）迁西县（10）玉田县（12）
邯郸 （146）	峰峰矿区（2）武安市（8）大名县（14）魏县（12）曲周县（8）邱县（6）鸡泽县（9）肥乡县（2）广平县（2）成安县（8）临漳县（6）磁县（20）涉县（8）永年县（15）馆陶县（14）邯郸县（12）

续表

地区	问卷调查涉及的县以及问卷份数
秦皇岛（35）	海港区（2）青龙满族自治县（8）昌黎县（12）抚宁县（2）卢龙县（3）
保定（343）	新市区（1）北市区（1）南市区（2）定州市（43）涿州市（12）安国市（12）高碑店市（16）易县（22）徐水县（18）定兴县（35）顺平县（9）唐县（12）望都县（7）涞水县（19）高阳县（6）安新县（10）雄县（10）容城县（8）蠡县（22）曲阳县（20）阜平县（6）博野县（8）满城县（19）清苑县（25）
张家口（83）	桥西区（1）宣化区（10）张北县（4）康保县（3）沽源县（7）尚义县（2）蔚县（6）阳原县（2）怀安县（4）万全县（5）怀来县（10）赤城县（6）崇礼县（5）宣化县（12）涿鹿县（6）
承德（60）	双桥区（2）双滦区（1）宽城满族自治县（6）兴隆县（8）平泉县（15）滦平县（4）丰宁满族自治县（5）隆化县（9）围场满族蒙古族自治县（6）承德县（4）
廊坊（55）	安次区（2）霸州市（11）三河市（10）大厂回族自治县（2）香河县（4）永清县（10）固安县（6）文安县（6）大城县（4）
沧州（167）	泊头市（7）任丘市（16）黄骅市（12）河间市（20）献县（6）吴桥县（7）沧县（18）东光县（12）肃宁县（10）南皮县（9）盐山县（20）青县（12）孟村回族自治县（6）海兴县（12）
衡水（117）	桃城区（1）冀州市（16）深州市（21）枣强县（8）武邑县（14）武强县（14）饶阳县（12）安平县（8）故城县（12）景县（6）阜城县（5）
邢台（240）	桥西区（2）南宫市（19）沙河市（24）临城县（12）内丘（12）柏乡县（11）隆尧县（22）任县（15）南和县（13）宁晋县（21）巨鹿县（18）新河县（4）广宗县（7）威县（12）清河县（14）临西县（13）邢台县（21）

（2）样本农民基本情况

本研究调查的对象为16—60岁从事农业或非农职业的农民，1518份有效问卷所调查农民的职业和个人基本情况如表1—2所示。

需要特别提出的是，根据调查数据统计结果，"农民职业分化程度"一项，专业务农、兼业、专职非农三类农民各自占全部样本的比例分别为46.2%、20.6%、33.2%，与全国2009年统计数据非常接近①,这从另一个侧面说明,河北省的农民职业分化水平与全国平均情况基本一致,选择河北省作为案例分析全国农民职业分化情况具有较强的代表性。

表1—2　　　　　　　　样本农民基本情况

变量特征	详细内容	样本人数（人）	比例（%）
性别	男	1078	71
	女	440	29
年龄	30岁（含）以下	292	19.2
	30—40岁（含）	136	9
	40—50岁（含）	768	50.6
	50岁以上	322	21.2
婚姻状况	已婚	1274	83.9
	单身	244	16.1
职业分化程度	专业务农	702	46.2
	兼业	312	20.6
	专职非农	504	33.2
就业地区	乡村	736	48.5
	小城镇	478	31.5
	城市	304	20
家庭收入来源	纯农业	442	29.1
	农业为主	370	24.4
	非农产业为主	536	35.3
	纯非农产业	170	11.2

第五节　创新点

本书在综合和借鉴国内外相关研究成果的基础上,对农民职业分化

---

① 全国农村固定观察点办公室:《农村发展:25年的村户观察》,中国农业出版社2012年版,第13页。

问题从宏观与微观两个层面进行研究，与前人的研究相比，创新之处主要在于以下几个方面：

（1）运用行为动机理论，将农民职业分化的环境、动机与能力、行为、绩效与报酬纳入分析框架，系统地分析农民职业分化行为的产生原因、内外动力、结果与收益，解释了农民职业分化的合理性，并为农民职业分化现象提供了理论支撑。

（2）在农民职业分化的环境分析部分，将农民职业分化和现代化进程相结合，利用相关经济学和社会学理论、国际经验资料以及相关统计数字和方法，从定性与定量两个角度分析了农民职业分化与现代化进程及其主要方面的关系，结果表明：工业化的发展拉动了农民职业分化的发展，同时农民的职业分化为工业化提供了必要的人力资本；城市化和农民的职业分化互为原因，相互促进；农民职业分化是实现农业现代化的必要条件；农民职业分化直接和间接推动了现代化的进程。

（3）利用大样本调查数据，采用多元排序选择模型和 Probit 模型对农民职业分化的类别选择和区域选择行为进行了实证分析，结果表明：影响农民职业分化程度的主要微观因素包括受教育水平、年龄、婚姻状况、性别、家庭耕地面积，以及所处地区的开放程度和企业数量；影响农民职业分化城乡区域选择的主要非制度因素包括年龄、性别、受教育水平、家庭中需要照顾的老人和儿童数量、家庭所处地区的开放程度及企业数量。

（4）将发展经济学中人力资本投资理论和相关模型引入农民职业分化的绩效与报酬分析中，通过计算不同职业分化类别农民的人力资本投入的个人收益率，推断出农民职业分化的经济效益情况，发现当前农民人力资本投入收益水平整体偏低，且兼业和彻底分化的人力资本投入收益水平高于务农。

第二章

理论基础与相关概念界定

第一节 相关理论基础

由于农民的职业分化本质上是一种非农化,也是社会分化的一部分,同时它还涉及了产业结构和人力资本与社会资本的问题,因此,相关的理论基础应包括社会分化理论、农业劳动力向非农产业转移的理论、人力资本投资理论和产业结构理论。

一 社会分化理论

社会分化的理论有很多,首先回顾一下经典的社会分化理论,在此基础上当代的主要社会分化理论流派也成为本研究的基础。

(一)经典的社会分化理论

理论界对社会分化问题的研究主要有两大理论渊源:一个是马克思的阶级理论;另一个是马克斯·韦伯的三位一体社会分层理论。这两大理论在目标上存在重要分歧,前者批判资本主义社会,强调社会冲突方面;后者维护资本主义社会,强调社会协调的一面。

1. 经典的马克思主义阶级理论

阶级理论是马克思主义理论的核心组成部分,也是社会分层理论的一个基本观点。马克思主义阶级理论中,阶级是一个经济范畴,阶级的划分是根源于社会的经济结构。最早指出社会划分阶级的根源在经济关系当中的是英国古典经济学家亚当·斯密和大卫·李嘉图,但他们是用产品分配形式说明阶级划分的原因。与其不同,马克思指出阶级划分的根源不在分配过程而是生产过程,社会分工是阶级产生和演变的基础,生产资料和劳动的占有关系是阶级划分的主要标准。列宁为阶级下了如下定义：所谓阶级，就是这样一些大的集团，这些集团在历史上一定社会生产体系中所处的地位不同，对生产资料的关系不同，在社会劳动组织中所起的作用不同，因而，领得自己所支配的那份社会财富的方式和多寡也不同。所谓阶级，就是这样一些集团，由于它们在一定的社会经济结构中所处的地位不同，其中一个集团能够占有另一个集团的劳动。马克思和恩格斯认为，社会在发生阶级分化的同时，还存在阶层分化的现象。阶层是依据生产资料占有关系之外的属性来划分的，它存在于阶级内部或者是与阶级相联系而又相对独立的利益群体。马克思和恩格斯在《共产党宣言》中指出："在过去的各个历史时代，我们几乎到处都可以看到社会完全划分为各个不同的等级，看到社会地位分成多种多样的层次。"①

毛泽东在大量调查的基础上，运用马克思主义阶级分析的方法对旧中国农村社会的阶级进行了划分。他以土地占有状况作为划分阶级的主要标准，同时提出和补充了一些经济的、政治的、社会的标准，把旧社会农村阶级划分为几个层次——大地主及土豪劣绅，中小地主、高利贷者和较富的工商业者，他们是乡村的统治阶级；中农、手工业者、小业主和乡村教师属于中间层次，他们中虽有人为统治阶级服务，但自身不是统治者；乡村中的贫雇农、店员、佣工等是农村社会的最底层。

阶级分析的方法是适应阶级斗争和革命需要而提出的，它抓住了阶级差别的本质，对阶级社会中的分层当然是十分重要的，但其以对生产资料的占有情况为主要标准来划分阶级具有两个局限性：一是它无法明确而科学地把阶级社会中许多不占有生产资料而生活状况和社会地位又明显高于一般人的群体划归到某一阶级；二是它无法适应社会的发展和进步，也不能完全说明社会层次。由于阶级是一个历史范畴，随着生产力的发展和私有制的产生而出现，也将随着生产资料私有制的废除而消亡，当生产资料所有制发生改变时，它将不再有适用的环境，然而社会成员之间的差别和社会层次却不会随着生产资料所有制的变化而消

---

① ［德］《马克思恩格斯选集》，人民出版社1974年版，第272页。

亡的。

2. 以韦伯为代表的社会分层理论

德国的马克斯·韦伯（Max Weber）的社会分层理论深受马克思主义阶级学说的影响，但他按照自己对社会学的理解来构建社会分层理论和方法，因其多维分层研究而被称为西方社会分层理论的创始人。他在《政治社会中的权力分化：阶级、身份和政党》中指出，社会并不是一元分层体系而是多元分层体系；除了经济因素以外，还有两个重要的因素——声誉和权力。因此，他主张将经济、政治和社会三项标准综合起来来进行社会分层，并相应提出了划分社会层次的三个标准：财富——经济标准、地位——社会标准、权力（声望）——政治标准。

所谓经济标准或财富标准，是指社会成员在市场经济中的机会，即个人能够占有商品或劳务的能力，简单地说即经济收入和财富的多少。在这一点上韦伯的观点与马克思基本相同。差别是在韦伯的阶级定义中强调了生存机会、经济利益和市场条件。

在韦伯看来，身份地位是社会分层的社会标准。社会标准即声望，是一个人得到来自他人的肯定评价和社会承认，它决定于个人的身份、教育水平和生活方式等。韦伯认为所有在社会荣誉或名声方面得到同样评价的人和那些以同样生活方式生活的人，构成一个身份群体。身份地位是对荣誉的评价，阶级地位讲的是财产的取得，二者可能交织在一起，但可能一致，也可能不一致。韦伯认为身份是比阶级更稳定的因素，一旦形成就具有相对的独立性；同时身份与阶级之间的差异又是造成社会变动和社会冲突的原因；身份地位比阶级地位更明显，社会身份可以部分甚至全部地决定阶级地位。

政治标准主要体现为权力，权力是政治领域分层的依据。韦伯对权力如此下定义："'权力'意味着在一种社会关系里哪怕是遇到反对也能贯彻自己意志的任何机会，不管这种机会是建立在什么基础之上。"[①]权力是一种复杂的社会现象，地位与等级是它的源泉。权力可以产生于对匮乏物资的供给和对生产资料的控制，可以产生于个人或群体在科层

---

① [德] 马克斯·韦伯：《经济与社会》，林荣远译，商务印书馆1999年版，第81页。

组织中的地位，还可以产生于法律和其他因素。

韦伯的三位一体分化理论对西方各种分化理论影响深远，被更多的西方社会学家和经济学家接受，并得到了不断的发展。斯宾塞在《社会学原理》中指出："社会是一个有机体，其结构与功能处于不断的进化与分化的过程中。"刘易斯对社会分化较早下定义，他在《社会学导论》中指出："社会分层研究中所说的社会分化，特指社会系统结构中由原来承担多功能的某一社会地位发展为承担单一功能的多种不同地位的过程。"迪尔凯姆提出因社会容量的有限性而形成的生存竞争导致了社会分工，以及机械团结与有机团结的概念，进一步发展了刘易斯的社会分化理论。哈罗德·克尔柏在《社会分层与不平等》一书中区分了社会分化、社会不平等和社会分层的三个概念：社会分化是指人们在个人特征和社会角色方面的不同；社会不平等是人们在接近社会中的资源、服务和地位时的机会不平等；社会分层则是指不平等被固定化或制度化，并且有一个社会关系系统决定谁获得什么和为什么获得[①]。这些研究为当今作为农民分化的主要方面的农民职业分化的理论研究提供了宝贵的借鉴。

(二) 当代社会分化理论的主要流派

西方社会学者基于维护资本主义社会的目的，对社会分化现象进行了长期的理论探索和实证研究，出现了形形色色的社会分化理论和模式，用以描述社会差异，把握各个社会层次人群的社会表现，干预和影响社会政策的制定。其间出现了两个相互对立但都非常重视职业并将其作为判定社会地位的重要标志的基本理论派别：功能主义理论和冲突论理论。之后出现一个折中的理论——进化论。

1. 功能主义理论

功能主义理论认为，社会不平等不仅是不可避免的，而且为了社会正常运行，一定程度的社会不平等是有必要的。金斯利·戴维斯（Kingsley Davis）和威尔伯特·莫尔（Willbert Moore）经典充分地表达了这一观点。

---

① [美] 哈罗德·R. 克尔柏：《社会分层与不平等——历史、比较、全球视角下的阶级冲突》，蒋超等译，上海人民出版社2012年版。

尽管功能主义社会分化理论的合理性遭到了许多严厉的质疑和批评，但它在美国受到了一大批学者的拥护和开拓。社会学家彼得·布劳、邓肯（1967）论述了职业地位及其对社会分层的意义。他们认为在现代工业社会中，无论是声望阶层组成的等级秩序，还是经济阶级组成的等级秩序，以至政治权力与权威所组成的等级秩序，根基都在于职业结构。虽然职业并非包含阶层概念的一切方面，但职业却是决定阶层占有经济资源并获得利用的首要因素，它是构成基层最好的单独指标。后工业论者丹尼尔·贝尔进一步肯定了布劳和邓肯的观点："在很大程度上，职业是划分社会阶级与阶层的最重要的决定性因素。"①

2. 冲突论

与功能主义理论相反，冲突论认为不平等不是社会运行必不可少的，它既没有作用也不公正，而是强大社会群体对弱小社会群体剥削的结果。强大社会群体决定着哪些人将占据哪些职位以及谁将得到什么报酬等。即在任何一个社会中，个人或群体都要强制奖惩。这种实施能力意味着权力关系的存在。冲突论同样不承认职业报酬的极端不平等对激励人们努力工作和有效发挥社会功能是必不可少的。

现代冲突论是建立在卡尔·马克思的经典理论之上的，但与之又存在根本性的区别。马克思理论认为资产阶级即资本主义社会的统治阶级拥有并控制生产资料，剥削无产阶级即被统治阶级，而资本主义的分配主要是以阶级为基础的权力不平等的结果。现代冲突论吸收了马克思关于社会阶层分化制度的主要观点，但抛弃了马克思的政治态度，并且把社会分化体系中经济以外的诸多因素考虑进来修正马克思理论，认为决定阶级阶层之间冲突的形式及其激烈程度的主要因素是社会阶层结构的开放程度、经济地位、权力地位和社会声望的重叠程度以及社会成员的阶层意识等②。

---

① ［美］丹尼尔·贝尔：《后工业社会的来临》，高铦、王宏周、魏章玲译，商务印书馆1986年版，第23页。
② 刘洪仁：《我国农民分化问题研究》，博士学位论文，山东农业大学，2006年，第15页。

3. 进化论

进化论是在20世纪60年代功能主义和冲突论进行激烈争论的过程中产生的，它相对前两种社会分化理论较为折中。该理论的代表人物有格尔哈特·伦斯基、帕森斯、艾森斯塔德和卢曼等。伦斯基（Gerhand E. Lenski）对社会分化理论进行了系统的阐述。他认为功能主义和冲突论并不一定是水火不相容的，应结合起来对阶层作更准确的分析。社会有必要以大历史的眼光来看待社会分化，在社会阶层分化制度的发展过程中既有整合又有竞争。他认为，社会阶层的出现，一方面是由于有必要鼓励难得的天才；另一方面是由于集团间的竞争和冲突。一旦社会出现了阶层分化，特权集团就会利用他们的便利条件占有更多的好处，冲突在社会阶层分化制度中有着重要的意义，有些不平等不仅是难免的，甚至是有益的。不能把社会阶层分化简单地理解为理所当然的事，它是由社会创造出来的，也必定可以由社会来改变①。

二 农业劳动力向非农产业转移的理论

农民职业分化是中国特有的现象，在国外并无此词，国外农民的职业分化是伴随着城市化的进程发生的，与农村劳动力的转移是同一过程。对于劳动力转移的研究，国内外已有很多较为成熟的理论和方法，可以为本书的研究提供借鉴。

根据程名望的总结，对劳动力转移行为的研究目前主要有三种方法：经济学方法、社会学方法和人类学方法②。其中，社会学研究主要是从社会特征的视角进行分析，考虑社会文化传统、意识形态、风俗习惯等非经济因素对劳动力转移的影响；人类学研究主要是从人类群体特征的视角进行研究，考虑人类群体的特征和人群之间的相互联系对劳动力转移的影响。经济学研究可分为新古典主义方法、结构主义方法和行为主义方法，三者的分析特点分别为：以经济行为个体为

---

① ［美］格尔哈特·伦斯基：《权力与特权：社会分层的理论》，关信平等译，浙江人民出版社1988年版。
② 程名望：《中国农村劳动力转移：机理、动因与障碍——一个理论框架与实证分析》，博士学位论文，上海交通大学，2007年，第14页。

分析的基本单位，强调个体利益最大化对转移决策及随之发生的转移行为的决定性作用；以社会经济结构为分析的出发点，强调社会经济结构刚性及由此而决定的经济发展不均衡的结构施加给转移方的影响；研究性别、年龄、学历和收入水平等个性特征对迁移的影响和作用。

具有代表性的主要有以下各理论，其中西方发展经济学有关农业劳动力向非农产业转移的理论对国内农业劳动力非农化研究具有较大的影响。

（一）马克思的观点

马克思认为社会分工是劳动力转移的基础，分工促进了社会进一步的分化，随着生产行为的分化必然造成劳动力从农业部门向非农业部门转移；由技术革命促进的工人工作变换和劳动力的区域流动是"不可克服的自然规律"。他指出农业劳动力的转移是近现代工业发展的重要前提条件之一，它不仅为工业的发展提供了充足的劳动力资源，还扩展了国内市场。

（二）发展经济学中的传统模型

1. 刘易斯模型

刘易斯（Lewis）模型将发展中国家经济划分为两个部分：一个是能够实现充分就业的现代城市工业部门，另一个是存在着大量边际生产率几乎为零的劳动力的传统农业部门。他认为在传统经济部门中存在着大量的"隐蔽失业"，也即大量的剩余劳动力，随着资本积累的增加，以及经济的发展，农业部门中的剩余劳动力将源源不断地被吸收到非农部门之中去；而随着过剩劳动力被吸收，劳动力供给曲线将逐渐趋于正常，二元经济也就变成了一元经济。刘易斯认为农业中的剩余劳动力能被现代工业吸收的数量和程度取决于现代工业部门的投资[1]。

2. 拉尼斯—费景汉模型

拉尼斯和费景汉（Ranis and Fei）对刘易斯的模型进行了改进，其

---

[1] Lewis A., "Economic Development with Unlimited Supplies of Labor," *Manchester School*, Vol. 22, No. 2, 1954, pp. 139–191.

理论模型把农业部门的发展作为一个重要的影响因素考虑进模型中,把工业部门和农业部门的发展关系清楚地表示了出来①。该模型与刘易斯模型的最大不同之处在于非常重视经济转变过程中两个部门的平衡发展问题,注重农业的发展,并指出农业剩余劳动力向工业部门转移的先决条件是农业劳动生产率的提高和剩余产品总量的增长。拉尼斯和费景汉认为农业剩余劳动力转移的速度取决于人口增长率、农业技术进步率、工业部门资本存量的增长。

3. 乔根森模型

乔根森(Jorgenson)的研究也是根植于二元经济模型,在该模型中农业剩余是劳动力从农业部门转移到工业部门的充分必要条件。他否认了刘易斯模型认为农业劳动力中存在隐蔽失业的观点,也不认为农业部门存在边际生产率等于零和低于零的剩余劳动。他认为农业剩余是人口增长率决定的,而人口增长是与经济增长相关的,在其模型中人口增长率是内生的。乔根森认为如果没有农业剩余那么所有人口都必须从事农业生产②。

4. 托达罗模型

与拉尼斯—费景汉模型和乔根森模型是对刘易斯模型的修正和改进不同,托达罗模型与刘易斯模型的假设不同,托达罗(Todaro)认为农村并不存在剩余劳动力,迁移决策是由劳动力对收入的预期来决定的。该模型引入就业概率这一变量,形成了劳动力转移行为模型③。该模型认为城乡收入的差距成为劳动力迁移的动力,而且差距越大,则迁移的倾向就越强,流入城市的劳动力就越多。

在托达罗模型中农业与工业被置于同等重要的地位,也不再以农业存在剩余劳动力为转移的必要条件,而是认为依靠提高农业的生产能力、改善农村生活条件才是使二元经济完全消失的条件。托达罗模型不

---

① [美] 费景汉、拉尼斯:《劳动力剩余经济的发展》,王月等译,华夏出版社1989年版。

② Jorgenson D., "The Development of a Dual Economy," *Economic Journal*, Vol. 71, No. 282, 1961, pp. 309 - 334.

③ P Todaro M., "A Model of Labor Migration and Urban Unemployment in Less Developed Countries," *American Economic Review*, Vol. 21, No. 5, 1969, pp. 150 - 157.

仅以收入的分析方法更加直接地接触到问题的本质，而且与很多发展中国家的现状十分吻合，因此得到了广泛的应用。

（三）其他经典理论和模型

1. 推拉理论

英国经济学家拉文斯坦（E. G. Ravenstein）于19世纪80年代在《人口转移规律》中提出了七条"移民法则"和人口转移的原因，被认为是人口转移推拉理论的渊源，而系统的人口迁移"推—拉"理论是唐纳德·博格（D. J. Bogue）于20世纪50年代末明确提出的。该理论从动力学角度将劳动力由农业向非农业、从农村向城市转移的动力分为"推力"和"拉力"。推力来自农村内部，包括农村人口过度增长、技术替代对劳动力的排挤、农村收入偏低、不合理的土地制度以及不利的农产品贸易条件等。拉力来自城市，包括较多的就业机会、工种选择的余地大、劳动报酬高、生活条件优越等。农业劳动力就是在农村内部的挤压力与城市的吸引力的双重作用下走上非农化的道路的。

2. 库兹涅茨的迁移模型

在宏观方面，库兹涅茨把农业劳动力转移过程与经济增长过程联系起来，认为劳动力转移是经济增长的结果，经济增长为劳动力在产业间和区域间转移提供了机会；在微观方面，他强调了人口因素对劳动力转移行为的主要影响，指出劳动力转移由于性别、年龄、种族、家庭情况、健康、教育以及其他社会人口特性的不同而具有选择性。

3. 期望收入理论

该理论的主要观点是，农民之所以会由农业流向非农产业，主要取决于他在从事农业的收入和从事非农业的预期收入两者之间的比较。如果从事非农产业所得实际收入大于从事农业的收入，那么农民就会转而从事非农产业。

4. 新劳动力迁移理论

该理论主要通过"相对感"来阐述劳动力迁移问题，认为人们的迁移决策不仅受到城乡收入差距的驱动，而且受到农村家庭户与户之间收入相对差距的影响，因此迁移决策不应是一种个人行为，而应该是一个有内在决策的群体（如家庭家族）的决策①，从而成为对"相对贫困"的一种回应②。

5. 投资组合理论

该理论认为，由于农业生产容易受到气候和自然灾害等因素的影响，加上农产品价格的波动性较大，因此农业的长期收入是不稳定的。如果家庭中的所有劳动力都从事农业，其家庭总收入将是波动型的，这会与农民长期的连续平稳消费偏好相矛盾。只要外出打工获得收入的波动与农业收入的波动不具有同步性，就能缩减家庭总收入的波动幅度。因此农户家庭内部的劳动力资源进行重新配置，以减小家庭收入的波动。总之，农村劳动力的外出转移不仅是为了获得城市中更高的收入，更是为了回避农业生产风险，求得更加稳定的家庭长期收入③。

（四）国内农村剩余劳动力转移的理论研究

根据山东省农调队课题组的总结，我国农村剩余劳动力转移的理论有：亦工亦农论、内外部转移论、劳务输出论、农田集中经营论、就地转移论、城市化论、深分工论、定向转移论、复合转移论、私营经济论、区域经济持续发展论。

三 人力资本投资理论

人力资本均衡理论认为，唯一决定人力资本投资量的最重要因素可能是投资的有利性或收益率。因此，人力资本的投资或投入，与对待其他项目的投资一样，在人们打算进行这项投入时，都要估算一下成本和收益，也就是说，要对一切有关的成本和收益进行计量和估价。弗里德曼的库兹涅茨根据收入最大化原理将职业收入与个人人力资本存量作为内生变量建立模型，并以此模型对美国不同职业的人力资本收益率进行了计算。得出结论，当前的劳动力市场状况对职业的选择具有很大的影

---

① Stark O., "Path Dependence and Privatization Strategies in East Central Europe," *East European Politics and Societies*, Vol. 6, 1991, pp. 17 - 54.

② Oded Stark, Taylor J. E., "Relative deprivation and international migration oded stark," *Demography*, Vol. 26, No. 1, 1989, pp. 1 - 14.

③ 程名望：《中国农村劳动力转移：机理、动因与障碍——一个理论框架与实证分析》，博士学位论文，上海交通大学，2007年。

响,而且就某一特定职业而言,该职业的劳动力供给相对于现行工资率是富于弹性的。根据这个研究结论,该理论推论,随着个人教育程度的提高,劳动者的职业选择具有相当大的流动性和重新配置、调整的空间。该研究后来得到了舒尔茨(1975)的进一步发展,他认为个人配置能力的大小是直接与其接受的教育程度相联系的[1]。

四 产业结构理论

该理论也称配第克拉克定理,它认为,随着经济的发展,人均国民收入水平的提高,劳动力首先由第一产业向第二产业移动;当人均国民收入水平进一步提高时,劳动力便向第三产业移动。劳动力在产业间的分布状况是:第一产业减少,第二、第三产业增加[2]。

世界上很多国家以及中国的发展都印证了这一定理,如表2—1所示。

表2—1　　　　　各国三次产业劳动力变化情况　　　　　(单位:%)

国家 年份	美国(一产/二、三产)	日本(一产/二、三产)	中国(一产/二、三产)
1900	43/57	65/35	—
1950	15/85	40/60	—
1980	3/97	9/91	—
2000	2.6/97.4	5.1/94.9	50/50
2005	1.6/98.4	4.4/95.6	44.8/55.2
2009	1.5/98.5	3.9/96.1	39.6/60.4[3]

资料来源:1980年及以前数据根据郭亚梅《吉林省粮食主产区农民分化问题研究》,第3页;2000年及以后数据根据《中国统计年鉴2008》及《中国统计年鉴2012》。

五 行为动机理论

组织行为学对个人行为规律的研究认为,个体的任何行为都是由一

---

[1] 牟少岩:《农民职业分化的影响因素研究》,博士学位论文,山东农业大学,2008年。
[2] 郭亚梅:《吉林省粮食主产区农民分化问题研究》,硕士学位论文,吉林农业大学,2006年,第3页。
[3] 根据《中国统计年鉴2012》,此项数据为2008年数据整理所得。

定的动机引起的，而人的行为动机又是由个体的需要、诱因与情绪等因素导致的。在环境、动机和能力等变量的作用下，一定的行为产生，而行为产生后，必然会带来相应的结果，也即行为的绩效。绩效能够给行为者带来内在和外在的报酬，报酬不仅会强化个体的行为，还可成为新一轮行为过程的诱因。此外，得到报酬，可看作一轮行为过程的一个暂时性的终点，得到报酬，个体的紧张感解除，从而第一轮行为过程结束，个体产生新的需要，形成新的一轮行为过程。如图2—1所示。

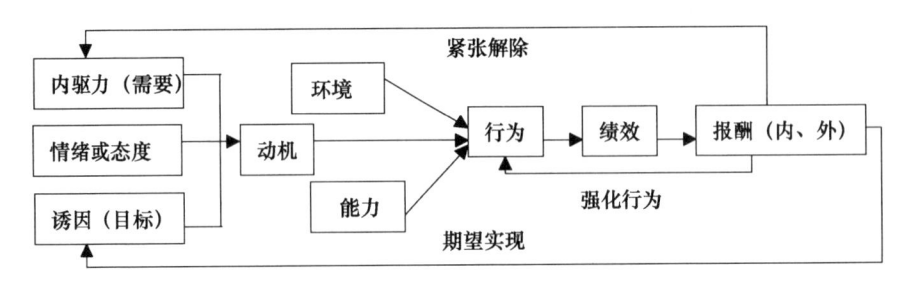

图 2—1　多维动机模型

本书的分析即依照该思路，以农民个体行为过程为研究主线，综合考虑农民职业分化的外部环境因素和内部动机因素，找出影响农民职业分化行为的主要动力和限制，并在其职业分化绩效分析的基础上，评估其职业分化行为带来的报酬水平，进而分析农民职业分化行为的经济合理性，并可据此预测下一轮行为的可能性。

第二节　相关概念界定

为了从根本意义上研究现代化进程中的农民职业分化，有必要首先对农民、农民职业分化以及现代化的概念作出界定，从而明确研究对象的内涵和外延。这样不仅能够明确研究的对象和范围，也有利于调研对象的选择以及研究的开展。

一　农民

在一些发达国家，农民一般是一个职业概念，指的是经营农场、农业的人，该概念与渔民、工匠、商人等职业并列，按照《国际社会学百科全书》为农民下的定义，"农业土地上生活资料的耕种者"。即指农民以耕种土地为主要生活手段，生活在较小的农村社区之中，有着独特的生活方式和文化①；在一些不发达国家，人们谈到"农民"时想到的不仅仅是一种职业，而且是一种社会等级和身份、一种生存状态、一种社会组织方式、一种文化模式乃至心理结构等。农民的概念随着社会的发展，有着诸多的历史含义变迁，当前它具有诸多不同的概念层次。

1958年以后，我国全体居民被划分为城市居民和农民两种不同的身份，人口的流动受到限制，从此农民既是一种职业又是一种身份，兼具两种属性②。

当代对于农民的含义，有"劳动者说"、"人口说"、"户口说"等诸多不同的说法③，其中有学者认为："各种说法大致可分为两个角度、三个层次。两个角度是职业角度（看是否直接从事农业生产劳动）和户籍角度（看是否属于非商品粮的农村户口）。三个层次：一是指以土地等为农业生产资料，长期从事农业（种植、林、牧、副、渔业）生产的劳动者，这是狭义的农民；二是指属于农村户口，并从事广义农业生产经营活动的劳动者；三是指农村总人口，这是最广义的农民（包括城市职工到农村承包荒山、荒地者）。"④

主要从职业角度划分的有"农业劳动者说"、"农业人口说"。其中"农业劳动者说"是最狭义的农民概念，即指从事农业生产劳动为主的人；"农业人口说"认为农民是从事农业生产及以农业收入为主要生活来源的人口。

主要从户籍角度划分的有"农村劳动者说"、"农村人口说"、"农业户口说"等。其中"农业户口说"是对农民最广义的理解，现在有近5亿人，指的是具有农业户口的人，而无论这些人实际从事何种职业、在什么地方履职以及以什么收入作为主要生活来源。多年来有关农

---

① 林元：《当代中国农民的职业分化》，《华东经济管理》2001年第2期。
② 冉志、郑万军：《我国农民职业分化探析》，《江南大学学报》（人文社会科学版）2006年第1期。
③ 刘洪仁：《我国农民分化问题研究》，博士学位论文，山东农业大学，2006年。
④ 阎志民：《中国现阶段阶级阶层研究》，中共中央党校出版社2002年版，第117页。

民问题分析研究的统计资料,一般都是指"农业户口说"①。

基于本书所要研究的内容是农民的职业分化,而分化的农民往往已不在或不长期在农村居住,因此本书采取"农业户口说"的观点。

二 农民职业分化

农民职业分化是中国特有的现象。因为国外农民的职业分化是伴随着城市化的进程发生的,与农村劳动力的转移是同一过程,所以在国外并没有出现"农民职业分化"这一概念。

农民的职业分化是指农民从以土地为主要生产资料的经营活动中分离出来,从事农业以外的经营,并且以这些非农收入作为其收入的主要来源②。这主要包含两个阶段:第一,农业劳动力转移到非农产业;第二,在非农产业中,农业劳动力在职业上产生分化③。

关于农民分化的职业,各学者也持不同的观点,目前在学界得到多数认可的是陆学艺的农民八个(职业)阶层划分框架④,即农业劳动者、农民工、雇工、农民知识分子、个体劳动者、私营企业主、乡镇企业管理者、农村管理者等。许多学者划分农民职业分化类型以此方法为依据。本研究中,在现状调查和描述性统计部分,结合参考国家统计部门以及各学者的研究,将农民的职业分为农业劳动者、工厂工人、建筑业工人、矿业工人、私营业主(个体经营)、服务行业从业者、各类专业技术人员、村民委员会干部和企事业单位负责人等。除了一般性的分析与描述外,主要运用定量研究。本书主要从农民职业分化的程度和地域选择两个角度对农民职业分化行为进行研究,因此将农民职业分化的类型分为彻底分化、兼业与完全未分化三类,并在此基础上研究农民就业的地域选择。

---

① 刘洪仁:《我国农民分化问题研究》,博士学位论文,山东农业大学,2006年。
② 郭庆海:《我国农村家庭经营的分化与发展》,《农业经济问题》2000年第5期。
③ 洪睿:《被征地农民再就业及职业分化问题研究》,硕士学位论文,浙江大学,2009年。
④ 陆学艺:《重新认识农民问题——十年来中国农民的变化》,《社会学研究》1989年第6期。

三 现代化

现代化常被用来描述现代发生的社会和文化变迁现象。根据马格纳雷拉的定义,现代化是发展中的社会为了获得发达的工业社会所具有的一些特点,而经历的文化与社会变迁的,包容一切的全球性过程。

一般而言,现代化主要包括:经济上的工业化、社会生活上的城市化、知识上的科学化、政治上的民主化,以及文化上的人性化等方面。

继德国学者提出生态现代化理论、再现代化理论等现代化理论之后,中科院研究员何传启多年前提出了"第二次现代化理论",即从18世纪到21世纪末的世界现代化进程包括第一次和第二次现代化两大阶段。第一次现代化是指从农业时代、经济、社会和文明向工业时代、经济、社会和文明转变,其主要特点即是工业化、城市化和福利化等;第二次现代化是从工业时代、经济、社会和文明向知识时代、经济、社会和文明转变,主要特点是知识化、全球化、创新化、生态化和信息化等[①]。

---

① 搜狐新闻:《权威报告预计2015年中国完成第一次现代化》,2007年1月29日(http://news.sohu.com/20070129/n247894039.shtml)。

第三章

我国农民职业分化现状分析

第一节 我国农民职业分化的现状与特点

一 分化程度逐渐加大

改革开放以来,随着中国工业和第三产业的发展、城镇的扩大与增多,部分农民逐渐从农业生产中脱离出来,走进了非农产业,从事农业以外的其他各种职业。尤其是中共十一届三中全会以后,家庭联产承包制的实行激发了农业生产的活力,同时也使大批农民得以从农业为主的传统农民中分离出来。20世纪80年代乡镇企业的兴起,带动了大批的农民以"离土不离乡,进厂不进城"的就地就近模式进行了职业分化与转变。1984—1988年,乡镇企业吸纳的农村劳动力由5208万人增加到9545万人,平均每年增加1084万人,年均递增16.4%,全国乡镇企业职工人数接近全民所有制单位职工人数(9984万人)[①]。到20世纪80年代后期至90年代以后,随着乡镇企业吸纳农村劳动力主渠道地位的不断下降,又出现了以"离土又离乡"为主要模式的农民进城务工潮,我国农民在职业上进一步分化到各行各业。近年来,随着工业化、城镇化的加速发展,小城镇不断增多,二、三产业的进一步快速发展为农民职业分化提供了新的契机,农民职业分化呈上升趋势。

这一趋势从乡村从业人员中从事非农产业人数的绝对数量和比例上可以直接体现。1985—2010年的25年间,我国农村就业劳动力中本地

---

① 刘江:《21世纪初的中国农业发展战略》,中国农业出版社2000年版,第592页。

就业加上外出务工，所有从事非农产业的人数从 7033 万人[①]增加到 2.2763 亿人[②]，规模扩张了 1.573 亿人，而且乡村非农产业从业人员占乡村从业人员总数的比例也由 19% 增加到 54.96%，该数据直至近年来依然没有改变上升的趋势。图 3—1 显示了从 1995—2010 年我国农村劳动力非农就业比例的变化。

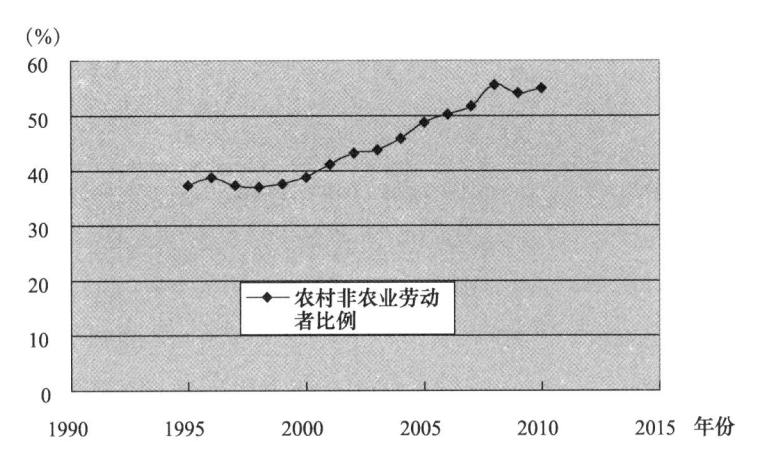

图 3—1 1995—2010 年农村劳动力非农就业人数比重变化

资料来源：根据全国农村固定观察点相关数据计算得来。

与此同时，农村居民人均收入组成也可以反映出我国农村劳动力从事其他职业的变化情况。从表 3—1 列示的数据中可以看出，农村居民的纯收入中，农业收入的增长占家庭经营收入增长的比重呈下降趋势，其他收入的增长呈上升趋势，尤其是工资性收入的增长尤为显著。农业收入从 1990—2011 年增长了 4.5 倍，但在农村家庭经营人均纯收入和人均总纯收入中的比重分别从 66.45% 和 50.2% 下降到了 58.87% 和 27.18%。而工资性收入从 1990—2000 年增加了 4 倍，从 2000 年到 2011 年又翻了两番以上；工资性收入在农村居民人均纯收入中所占的份额也增长很快，从 1990 年的 20.2% 增长到了 2011 年的 42.5%。与

---

① 数据来源：《中国农村统计年鉴（2011 年）》和中国农村住户调查数据。
② 此数据根据全国农村固定观察点相关数据计算得来。

此同时，工业和建筑业收入、社会服务业收入，以及批发、零售贸易和餐饮业等其他种类的收入，无论从绝对数量上还是在农村居民家庭纯收入中所占的比重上也都有所上升。农村居民家庭人均纯收入来源结构的变化，说明在全国范围内，农民职业分化的结构表现出了两个特征：一是农民从事的职业由农业逐步扩大到多种职业；二是非农劳务也即除农业以外的其他职业对农户生计增收作用不断上升，农民增收的出路在于职业分化。

表3—1　　　　农村居民家庭平均每人纯收入及其构成　　　（单位：元）

	1990年	1995年	2000年	2005年	2010年	2011年
纯收入	686.31	1577.74	2253.42	3254.93	5919.01	6977.29
工资性收入	138.8	353.7	702.3	1174.53	2431.05	2963.43
家庭经营纯收入	518.55	1125.79	1427.27	1844.53	2832.8	3221.98
其中：农业收入	344.59	799.44	833.93	1097.71	1723.49	1896.67
工业收入	9.15	13.63	52.67	61.13	93.32	104.73
建筑业收入	12.18	34.53	46.73	47.12	88.75	87.91
交通、运输、邮电业收入	13.45	27.76	63.63	84.19	125.4	153.05
批发、零售贸易及餐饮业收入	12.69	34.26	78.54	108.55	186.43	244.09
文教卫生业收入	—	—	6.86	10.13	21.56	22.56
财产性收入	—	40.98	45.04	88.45	202.25	228.57
转移性收入	28.96	57.27	78.81	147.42	452.92	563.32

资料来源：《中国统计年鉴2011》、《中国统计年鉴2012》。

案例：农民职业分化已成为现代化进程中的普遍现象

以临海但耕地较为丰富的黄骅十里河村，和地处山区且耕地较为紧缺的邢台清沙坪村为例，从两村农户的收入来源结构即可看出当前农民非农就业在家庭生计中所扮演的重要角色。（见下表）

两村农户的收入来源结构（N=248）

家庭收入	十里河村		清沙坪村		合计	
	户数	%	户数	%	户数	%
纯农户	8	8.2	22	14.7	30	12.1
一兼农户	25	25.5	71	47.3	96	38.7
二兼农户	62	63.3	55	36.7	117	47.2
完全非农户	3	3.1	2	1.3	5	2.0
合计	98	100	150	100	248	100

这两村都是河北省较为典型的农村，周围既有非农产业为农民提供就业条件，农民的生产和思想观念也较为传统，生活、工作和思想方式还未"城市化"。两村农户的收入来源结构虽有一定的差别，但整体比例和趋势是相同的，均体现为兼业户占主体。整体来看，虽然实现彻底分化完全依靠非农业收入作为家庭收入来源的还较少，但非农职业收入已成为当前广大农户不可或缺的一项家庭经济来源，甚至出现二兼户多于一兼户的趋势。据调查，家庭非农收入来自劳务收入（含退休金获得者）的农户多于非农经营（如举办企业等）的农户。

二 分化态势呈多元化

随着农民职业分化广度和深度的逐步扩大，从全国来看，农民职业分化的类别呈现多元化态势,从农业中分离出来进入非农产业的农民所从事的工作多种多样,分布于一、二、三产业的不同领域和不同层面[①]。

图3—2根据全国第六次人口普查资料,显示了2010年全国乡村就业人口在各主要职业中的就业人数分布情况。值得注意的一点是,此项数据与中国农村统计年鉴和中国农村住户调查数据中,农村劳动力中的非农就业人数与比重有所不同,所显示的农业就业人口偏多,这主要是由于一来该统计应是按照被调查者的主要职业来进行统计的,故其中的农业从业人员中其实应包括从事非农产业的劳动力;二来该类人员中包含了水利业生产人员,所以相对人数较多。也即许多兼业的农民被作为第一产业从业人口了。即便是如此,通过该数据仍能看出,我国农村劳动力的职业分化进入到了各行各业。

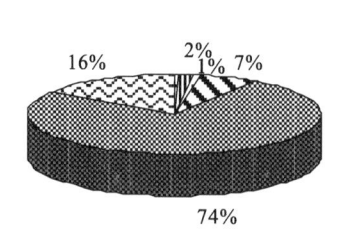

图3—2 全国乡村就业人口职业分布情况

2010年中国第六次人口普查数据显示,全部乡村就业人口中,分布在农林牧渔业的占74.78%,比2005年下降近6个百分点[②];其次是从事生产、运输设备的操作人员及有关人员,占乡村就业人口的15.64%,比2005年上升约5.2个百分点;再次是从事商业、服务业人

---

① 李逸波、彭建强、赵邦宏:《中国农民职业分化现状分析》,《调研世界》2012年第10期。

② 根据2005年全国1%人口抽样调查数据所得。

员,为全部乡村人口的6.53%;从事其他职业的乡村人口按数量多少依次是专业技术人员、办事人员和有关人员以及国家机关、党群组织、企业、事业单位负责人等。从事非农职业的农民在职业分布和人数比例上都明显呈上升趋势。

河北省作为一个处于我国东部与中部交接的省份,经济发达程度也基本处于我国中等水平,该地区农民的职业分化具有一定代表性。根据对河北省农村居民的调查,样本农民从事工业、建筑业的劳动者有436人,占全体调查人口的28.7%,其他依次分布在服务业、乡村干部和专业技术职业等。如表3—2所示。

表3—2　　　　　　　　调查样本农民的职业分布

	农业	工业	建筑业	服务业	乡村干部、专业技术	个体经营	其他
人数（人）	702	375	61	97	83	41	87
占全部调查样本的比例（%）	46.2	24.7	4.0	6.4	5.5	2.7	5.7

三　地区差异明显

（一）农民职业分化程度地区差异明显

随着经济和社会的发展,我国农民群体的职业分化越来越明显,在一些工业较为发达、城市发展较快的地区尤为如此。但相对而言,工业发展和城镇化进程较慢的地区农民职业分化进展也较慢。表3—3列示了几个具有代表性的省份的经济发展数据和从事农业人口的比例。从表中数字可以看出,东部的一些省份如浙江省和山东省,经济发展水平相对较高,从事农业的人口比例相对居中;中部的一些省份如河北省和河南省,从事农业的人口在40%上下,但农村居民消费水平仅在四千元左右;西部大省四川省是一个农民工输出较多的省份,但其从事农业的人口比例依然较高;多年来全国从事农业的人口比例最大的一直是云南省,经济发展水平和农村居民生活水平也相对较低。

表 3—3　　　2010 年几省经济情况及从事农业人口比例

	浙江省	山东省	河北省	河南省	四川省	云南省
人均生产总值（元）	50932	40891	28384	24561	21370	15715
农村居民消费水平（元）	9878	5733	3867	4061	4748	3603
从事农业人口占就业人员比例（%）	15.9	35.4	38.8①	44.9	42.9	59.4

资料来源：根据《中国统计年鉴（2011）》计算得来。

从国家统计局公布的各县乡村劳动力从业构成上看，各省之间的农民职业分化程度也不一样。北京、上海、天津等大都市地区的乡村劳动力从事非农生计者的比例都高于70%，而在河南、四川、贵州、青海、内蒙古和云南等经济和工业发展水平相对落后的地区，农民分化到非农产业的比例就只刚刚过半②（如表3—4所示）。从表中数据还可以看出，一个地区的城镇化水平和工业化水平越高，其农民职业分化水平也越高。

表 3—4　　　分省的县均非农生计者占乡村劳动力的比例　　　（单位:%）

省份	比例	省份	比例	省份	比例
安徽	59.1	黑龙江	57.7	山东	63.8
北京	77.5	湖北	68.8	山西	71.3
福建	68.9	湖南	60	陕西	62.7
甘肃	64.3	吉林	62.2	上海	74.5
广东	69.4	江苏	71.1	四川	55.9
广西	58	江西	65.6	天津	76.2
贵州	53	辽宁	71.1	新疆	65.9
海南	63.7	内蒙古	57.2	云南	51

① 该数据小于调研数据，因为其基数是全部就业人口，而非农村劳动力。
② 殷晓清：《农民的职业化——社会学视角中的三农问题及其出路》，南京师范大学出版社2005年版，第169—170页。

续表

省份	比例	省份	比例	省份	比例
河北	68.7	宁夏	59.7	浙江	67
河南	52.7	青海	55.8	重庆	59.7

资料来源：国家统计局全国分县统计资料（1999）。

(二) 农民职业分化模式地区差异明显

地区经济发展水平、工业化和城镇化的发展程度除了对本地区农民职业分化的程度产生影响以外，还对当地农民职业分化的模式有一定的影响。虽然总体来讲，外出务工农民数量呈上升趋势，但在全国东部、中部以及西部分布不同，而且在各省和省内不同区域之间也有明显差别。总体来讲遵循以下基本规律：本地区工业和经济发展较好，则本地非农就业较多；本地区工业和经济发展较慢，外出务工尤其是流向大城市务工的农民较多（见表3—5）[①]。如青岛地区农民职业分化的工作区域就主要集中在青岛地区以内，这主要是由于青岛地区作为沿海开放城市，经济发展水平较高，区位优势较强，制造业发展良好，从而许多乡镇、村内有工厂，为农民提供了大量的就业岗位，使其不必外出去其他地区寻找就业机会[②]。

表3—5　　　　　不同地区的人群就业或迁移比重[①]　　　（单位：%）

项目	贫困	沿海	东北	中部	西南	西北	非贫困
参与比例（超1个月）							
农业	58.04	59.97	57.55	66.19	53.2	56.19	44.03
当地非农	29.52	33.16	39.46	20.58	31.85	29.15	36.08
迁移	12.44	6.87	2.99	13.23	14.95	14.66	19.88
当年主要从事							

---

① 盛来运：《流动还是迁移——中国农村劳动力流动过程的经济学分析》，上海远东出版社2008年版，第93页。
② 陈秀：《青岛地区农民职业分化微观影响因素的实证分析》，硕士学位论文，青岛农业大学，2008年。

续表

项目	贫困	沿海	东北	中部	西南	西北	非贫困
农业	84.27	74.38	92.81	83.89	84.68	87.47	64.38
当地非农业	5.16	17.66	4.57	4.24	2.12	3.08	17.09
迁移	10.58	7.95	2.63	11.87	13.2	9.45	18.53

从表3—5中的数据可以看出：沿海地区农民本地非农就业明显高于其他地区；西南及西北等贫困地区具有较高的流动或迁移可能性，使农村劳动力向东部发达地区流动；非贫困人口的农民当地及外出职业分化比重均比贫困人口明显要高。

农民职业分化模式的地区差异从全国农民工占农村劳动力的比重中亦能够看出。根据国家统计局的调查，近年来，外出农村劳动力主要来自中、西部地区，2009年中、西部地区外出人口比例分别达到34.1%和32.3%[①]。全国来看，中部地区外出劳动力比重高于西部地区，西部地区外出劳动力比重高于东部地区。

从分省区农村劳动力外出人数来看，江苏、安徽、山东、河南、湖北、湖南、广东、广西、四川等省外出务工劳动力数量较多，其中四川和河南超过1000万人。外出务工劳动力占乡村劳动力比重高于30%的有5个省（市），主要分布在中西部地区，分别是安徽、江西、湖北、重庆和四川；外出务工劳动力占乡村劳动力比重在20%—30%的是江苏、福建、河南、湖南、广东、广西、贵州7省（区）；所占比重在10%—20%的分别为北京、天津、河北、内蒙古、辽宁、吉林、黑龙江、上海、浙江和山东10个省（区、市）；低于10%的省（区）是山西、海南、云南、西藏和新疆。可以看出：除了经济相对落后、地理位置偏远的省份外出务工农民数量明显较少以外，经济欠发达的中西部地区农民选择外出务工作为其职业分化模式的较多，如安徽、江西、四川、河南等省；而工业和城市发展水平较高的地区以及本地区有矿业或特色农业的地区，由于可以吸纳较多农村劳动力就业，因此该类地区农

---

① 全国农村固定观察点办公室：《农村发展：25年的村户观察》，中国农业出版社2012年版。

民选择本地务工作为其职业分化模式的较多而外出务工相对较少,如北京、山西、河北、海南等省(市)。

四 分化职业多处竞争行业和初级岗位

首先,我国农民职业分化在结构上的特征主要是:集中在农业、工业、建筑业、商业饮食服务业和运输业等,即城市的竞争行业,而垄断性较强的邮电通信等行业,就业比重不大(见表3—6)[①]。

表3—6　　　　我国农民职业分化的行业分布　　　(单位:%,人)

年份	农业	工业	建筑业	运输业	商业饮食服务业	其他	合计	人数
2003	55.5	10.2	4.2	2.4	8.0	19.7	100	59847
2004	55.5	10.6	4.4	2.5	8.0	19.2	100	58711
2005	54.9	11.1	4.7	2.4	7.9	19.1	100	62075
2006	54.5	11.0	4.8	2.6	8.2	19.0	100	59555
2007	52.0	11.4	5.1	2.5	8.3	20.8	100	62351
2008	51.4	11.7	5.4	2.6	8.2	20.8	100	59784
2009	51.6	13.3	6.1	5.6	10.6	12.8	100	58973

其次,从农业中分化出去从事其他职业的农民多集中在建筑业工人、制造业(工厂)工人、服务业工作人员、商业工作人员等职业,多数属于较低层次的蓝领工人或工作者,而作为企业管理人员尤其是高级管理者、政府机关干部、事业单位专业技术人员或负责人的比例明显较低。根据全国第六次人口普查资料,农民所从事的职业按人口数量由多到少除了农业以外,依次为:生产、运输设备操作人员及有关人员;商业、服务业人员;各类专业技术人员;办事人员和有关人员;国家机关、党群组织、企业、事业单位负责人等。其中生产、运输设备操作人员及有关人员以及商业、服务业人员明显多于从事其他职业的农民。根

---

① 全国农村固定观察点办公室:《农村发展:25年的村户观察》,中国农业出版社2012年版。

据对河北省 11 地市的农户抽样调查也发现，农民的职业主要集中在农业、工业、服务业等行业里（见表 3—2）。

最后，从事非农产业的农民以非正式职工模式就业为主，而且呈增长趋势。从国家统计局公布的分行业从业人口和职工人数上看，新中国成立以来尤其是改革开放以来农民的职业分化发生了重大变化，"正式职工"形式的就业已经转变为市场化的就业。从 20 世纪 50 年代后期开始一直到 70 年代中期，我国的农民非农就业模式属于"职工模式"，从农业中分化出来的农民几乎都拥有"正式职工"身份，因此全国职工总数和全国非农从业人口总数基本都是一致的。这种情况在 70 年代后期开始发生变化[①]。1978—1996 年，职工人数和非职工就业人数虽然同时增长，但非职工就业人数的增长速度高于职工人数。1997 年以后，全国职工总数停止增长并出现下降现象，直至 2006 年才开始稍有增长，但非农产业从业人口却持续攀升，并且到 2005 年以后达到了 4 亿人以上的规模，两项数据之差越来越大。这样的数字证明：改革开放以来，尤其是进入 21 世纪以来，农民非农就业就业主要采取的是非正式职工模式，已经市场化了（见图 3—3）。

五　分化不彻底

按照当前理论界较为公认的分类和定义，依靠收入来源和主要职业对农户的分类，可以将农户分为以下几类：第一类，纯农户。是指家庭劳动力全部从事农业，家庭收入全部来源于农业（包括种植业和养殖业）。第二类，纯非农户。是指家庭劳动力全部脱离农业从事非农产业，家庭收入来源全部为非农产业。第三类，兼业户，包括两小类——一兼农户和二兼农户。其中，一兼农户是指家庭收入以农业收入为主，其他非农产业收入所占比例低于家庭总收入的 50%；二兼农户是指家庭收入以非农产业收入为主，农业收入所占比例低于家庭总收入的 50%。

虽然，各项数据表明中国农民的职业分化在分化规模和职业范围上

[①] 殷晓清：《农民的职业化——社会学视角中的三农问题及其出路》，南京师范大学出版社 2005 年版，第 129 页。

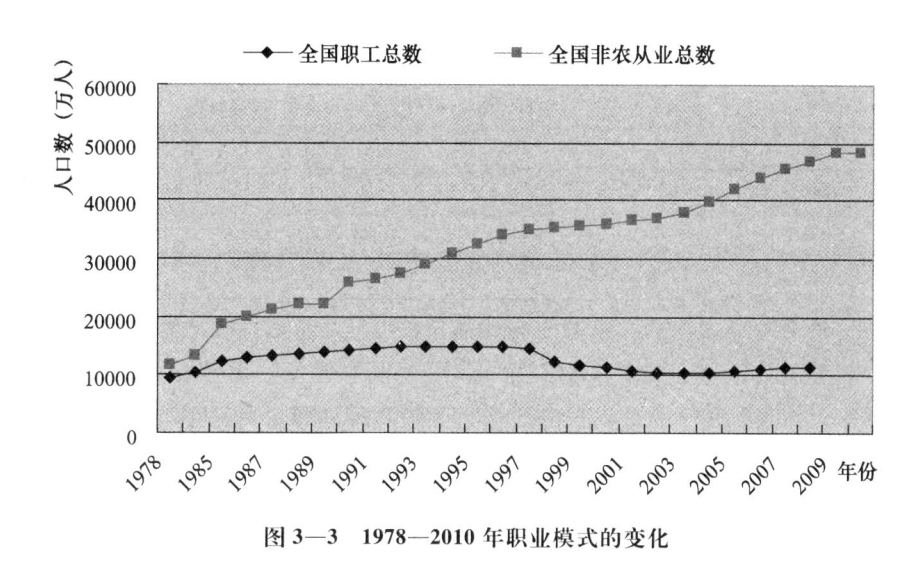

图 3—3　1978—2010 年职业模式的变化

都处于明显的增长趋势。但其中仍存在一个问题，就是进行职业分化的多数农户和农民处于兼业状态，并未完全脱离农业和农民的职业身份，职业分化并不彻底。

这从国家相关统计数字上可以看出。根据第六次全国人口普查资料所显示的全国乡村就业人口在各行业和职业中的就业人数分布情况数据，从事农林牧渔水利业生产人员占全部乡村劳动力的约75%，而根据中国农村统计年鉴、全国分县数据所显示的从事非农产业的农村劳动力的统计数字，从事非农职业的人远远大于全部农业人口的25%。二者的差异说明这中间肯定有兼业农民存在，差别只是在于其是以农业生计为主还是以非农产业作为其主要职业。

根据全国农村固定观察点的观察资料，近年整体来看，虽然农村中纯农户稍有减少而纯非农户有所增加，但兼业农户的比例一直居高不下，保持在40%以上（见表3—7）①。

---

① 全国农村固定观察点办公室：《农村发展：25年的村户观察》，中国农业出版社2012年版。

表 3—7　　　　　　　农村固定观察点农户兼业情况　　　　　（单位:%）

年份	纯务农户	一兼户	二兼户	纯非农户	其他户
1995	48.8	28.69	15.77	5.16	1.58
2000	46.26	28.18	17.94	5.75	1.87
2005	41.89	27.97	17.44	10.16	2.55
2010	43.25	26.35	17.66	10.13	2.61

根据对河北省全部样本的调查和分析也可以看出，农户和农民兼业的现象非常普遍，很多农民在其所从事职业的选择上都做了多项选择，其中多为农民和工人或农民和服务行业等双项选择。在问到其个人及家庭主要收入来源时，选择"从事农业"和"打工"或"单位工资"、"个体经营收入"等双项或多项的不在少数。

农民和农户职业分化并不彻底，兼业现象明显，究其原因，主要有以下几点：

第一，人均一份"口粮田"为农民提供自食的口粮，且没有太大的风险，所以许多农户舍不得丢下自己的田地；同时，"男工女农"的家庭群体结构较为常见，而农业劳动可分散进行，除了家中女性劳动力可以主要种田以外，从事非农职业的家庭劳动力还可在农忙季节或工作间隙帮助务农，这样的形式足以保证农户经营好自家的耕地。

第二，城乡分割的户籍制度、社会保障制度等一系列相关的政策制度限制，对农民彻底脱离农业进入城市成为城市就业者形成了一道无形的壁垒，使得希望彻底走出农业和农村的农民难以逾越，而由于年老、失业等原因从非农产业中又退出的农民返回乡村从事农业生产是其从事非农职业后的"退路"。

第三，对于拥有13亿人口的泱泱大国，其中7亿农民要实现从乡村到城市、从农业向非农产业转变，需要一个过程，加上当前农村的养老、医疗等保障制度尚在建设和提高的过程中，因此土地在多数农民的生活中依然扮演着重要的保障角色。

第四，目前，多数进行了职业分化的农民所从事的非农工作为相对初级的岗位，且无"正式职工"身份，因此工作相对不稳定，此时保留土地作为其生活经济来源的最后保障就成为必要的了。

第五，农村家庭中作为"留守"者的多为老人、儿童和妇女，这些人要么不具备或缺乏劳动能力和从事非农职业的技能，要么需要照顾家庭，或是被城市的户籍制度和较高的生活成本限制在外，因而难以进行职业分化和脱离农村，因而从农户整体来看兼业户居多。

六 阶段性明显

我国农民职业分化的阶段性主要体现在以下两个方面：

一是分化农民的年龄分布具有明显的阶段性。

由于多数从农业中分化出来从事其他职业的农民集中在建筑业、工业、服务业等行业和领域，从事的职业多为建筑工人、工厂工人、工匠、服务人员等，而这些职业的一个共同特点就是劳动性质为体力劳动，从业者年轻化。这些职业的性质决定了这些务工人员仅仅在青壮年时期实现了职业分化，具有明显的短期性。

在1518个有效调查样本中，进行了职业分化或从事非农产业的农民多处在50岁以下。其中30岁以下分化比例最高，达到70%以上，其次是30—40岁组和40—50岁组，这两组分化比例分别为67.6%和52.3%。50岁以上农民分化比例仅为37.9%。可以看出，职业分化的农民以青壮年为主。

农民职业分化的本质是农村劳动力由农业向非农产业的转移。而如果该转移是以就业劳动力的再生产在农村完成或依靠农业收入来完成的话，就并未实现真正的转移。已实现职业分化的农民都是在农村出生的，其出生后的抚养和教育都在农村完成。一些农民在具备一定的劳动能力后进入非农产业领域，从事非农职业。但尽管如此，其中的绝大部分分化的农民最终还要回到农村，并退回到农业生产中，进行养老。

当前中国农民的职业分化从年龄上基本处于青壮年时期，而幼年和老年时期、劳动力再生产和养老都在农村或以农业收入为主要来源，具有明显的阶段性特征。

二是分化农民从事非农职业的具体时间具有阶段性。

由于多数实现了职业分化的农民所从事的工作是各种形式的"打工"，因此其在非农就业的具体时间上就受到工作性质和特点以及劳动力市场的影响，具有阶段性。此外，受职业分化不彻底、从事非农职业的农民具有较强兼业性的影响,许多农民既在外从事某一种或几种非农工作,同时也抽出一部分精力和时间从事农业。最常见的情况是两种:第一,有工(非农工种)可做时去打工,无工可做时回家务农;第二,平时打工,到农忙时节回家种田。

从被调查者从事非农工作的时间中可以看出这种现象。在调查中,进行了职业分化的农民,从事非农工作的时间在3个月以下、3—6个月、6—9个月,9—12个月的样本数分别为占全部从事非农职业农民的11.7%、8.8%、12.3%和67.2%。(如图3—4)同时通过访谈发现,许多从事非农工作时间为6—10个月的农民在农忙月份从事农业。

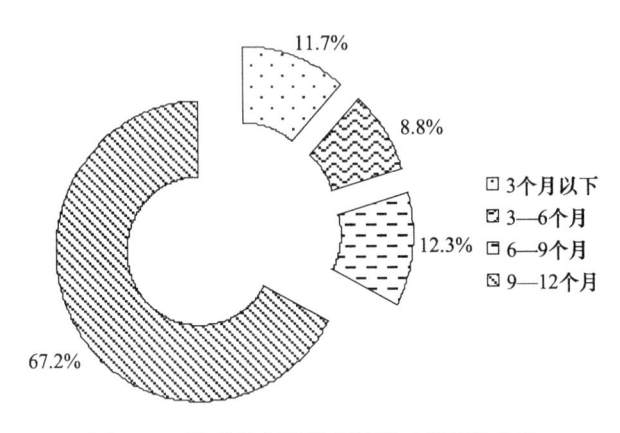

图3—4 从事非农职业农民的工作时间分布

此外,有些农民在被问到为何去年没有从事非农工作时,回答"没活了"。这也从一个侧面反映出农民职业分化受工作特点或产品和劳务市场变化的影响,表现出阶段性。

第二节 我国农民职业分化存在的问题与困难

一 职业工种的低层次性限制农民融入城市

由于从事非农产业的农民多集中在建筑业工人、工匠、工厂工人、服务业人员等职业,多属一线工人。这些工种虽然在当代城市和乡村非常普遍,也对国家的现代化建设发挥着重要作用。但同时也存在一个共同的问题,就是相对来说技术含量、科技含量和不可替代性都较低,因而无论从其收入的绝对数量上来看,还是从各相关单位中工资的相对数量来看,都属于较低的层次。这样的工作使得从农业中分化出去的这些农民虽然比那些依旧在农村从事传统小农业的农民收入要高,但对于进城工作和生活来说,他们的经济地位和社会地位还有待提高。在调查中,有些已分化的农民反映,"进城"生活的主要顾虑就在于城市中较高的生活成本和社会的接纳与认可。

二 从事职业的低稳定性阻碍农民彻底分化

多数从农业中分化出来进入其他行业的农民所从事的工作为"打工",也即他们的身份成为"农民工"。当前,全国各地各行各业的农民工以合同制打工为主,甚至没有正式的合同,工作流动性强,稳定性差。很多农民工处于"城—乡两栖"和"农—工两栖"状态,有工即做工,无工则返乡。这样的状态不仅不利于农村家庭的稳定和社会的安定,而且从长期来看,对于农民进行完全彻底的职业分化、稳定提高收入水平具有不利的影响。

三 强兼业性影响农民专业化水平的提升

当前中国农民职业分化兼业性明显,因而多数从事非农产业的农民身兼"农民"与"工人"或"手艺人"等双重或多重职业身份。从其个人内心来说,并未把自己当作真正的"工人",仍然认为自己是农民,只是把进城或进厂务工作为自己增加收入来源或谋生的手段。但同时,从事这些工作,也使得这些农民要么没有足够的时间、精力来保证很好地务农,要么就是在其他行业或城市里工作久了变得无心经营农业。长此以往,这些农民的职业身份就成了"既是农民,也是工人",但同时"既非农民,也非工人"。而且他们自己也不能很好地给自己进行定位了。兼业带来职业身份的模糊,而职业身份的模糊直接影响从业者职业生涯的发展。

四 多流动性分化影响社会稳定

由于从事的职业和工种的特点、进入城市工作和生活的政策和经济壁垒、农地的保留、家庭成员的留守等原因，从事非农职业的农民尤其是进城务工的农民工，其中属于"两栖"和"候鸟"的大有人在。而这种情况对农村乃至整个和谐社会的建设具有很大的负面影响。

首先，"两栖"农民工在农村与城市之间来回漂泊，他们的收入来源和数量均不稳定，还有一些居无定所，这些人长期游离不利于社会的安定和城市的管理。

其次，长期的家庭分居离散，直接影响到其自身家庭的稳定和正常的生活，也给留守妇女带来了较重的精神负担，引发相关社会问题。婚姻是家庭的基础，夫妻关系是家庭关系中最主要的关系之一，夫妻关系的维系与共同生活、亲密沟通密切相关。由于城乡分割的二元社会结构和体制还没有完全被打破，城市并没有给农民工提供可以实现"举家迁移"的条件；而农民工自身工作不稳定，经济条件受限，也无法实现整个家庭的转移。因此，丈夫长期在外打工、妻子在家留守的现象普遍存在，夫妻之间聚少离多，不仅影响了夫妻感情，还对正常的家庭生活造成了一定的影响。

此外，"两栖"型和"候鸟"型农民工长期不在家，或是在家时间不稳定，对于子女的教育和成长也带来了一定的负面影响。

留守妇女和儿童的问题不解决，新农村建设就无法真正实现。因此，农民工就业的不稳定，不仅涉及农户家庭的收入和正常生活问题，还关系到农村和整个社会的安定与发展。

五 分化的不彻底性影响农业现代化进程

我国是农业大国，如果农业现代化进程缓慢，就无法实现国家的现代化。当前我国农民职业分化兼业化明显、就业岗位和时间不稳定，分化的农民游离于农业与非农产业之间，游走于城市与农村之间，严重阻碍了农业专业化和现代化的发展。

由于农业现代化是从传统农业向现代农业转化，在此过程中需要农业用现代科学技术和经济管理方法武装起来，提升农业生产力和生产效率。而农业生产率的提高，需要高素质、懂科学、会经营的新型农民来实现，也需要土地、资金的规模的提升来保证。农民的职业分化不彻底，一来导致从事非农职业的农民依然对自家土地进行耕种，从而无法使土地集中到农业专业户手中进行经营，无法达到土地的有效流转和集中，也就不能实现规模经营；二来导致具有一定文化和掌握一定科学技术，素质相对较高的农民多数时间从事非农职业，而从事农业的主力为妇女、老人和抽空务农的兼业农民，从而农业的经营主体难以达到实现农业现代化的要求。

第三节 我国农民职业分化的限制

随着中国社会主义市场经济的逐渐建立和完善，经济发展水平逐步提高，工业化和城市化进程加速，农民职业分化的速度和程度都将进一步加快。然而，我国农民职业分化的发展道路也并非一片光明。中国农民的职业分化具有特殊的历史背景，农民职业分化在进展过程中面临的种种限制牵绊着它的发展。其中主要的限制为以下几个方面。

一 农民数量庞大，转移分化任务艰巨

中国是一个以农业为主的大国，农业人口在全国总人口中一直占有很大比例，20世纪末的最后几年，才开始出现下降趋势，并且直到2009年，农村人口总量依然超过全国人口的50%。

具体来说，1980年以前，我国农村人口占全国总人口的比例一直保持在80%以上；至1995年，农村人口达到最高峰，8.5947亿人；随后逐渐下降，但直至2009年，仍有7.1288亿人，占总人口的53.41%（见图3—5）。

在如此庞大的农村人口中，富余的劳动力占据较大比例。近年来随着经济发展和农村剩余劳动力向非农产业转移的增加，农村富余劳动力虽出现下降趋势，但依然保持较大规模。2001年我国农村富余劳动力约有1.5亿人[①]；据麦音华博士和彭秀建博士根据建模推算，中国剩余

[①] 谢培秀：《关于中国农村剩余劳动力数量的估计》，《中国人口资源与环境》2004年第1期。

劳动力在 2005 年约为 6000 万人，到 2015 年将降至 2560 万[①]。即使按照这个较为乐观的数字，中国农村剩余劳动力在总量上依然处于规模较大的情况。

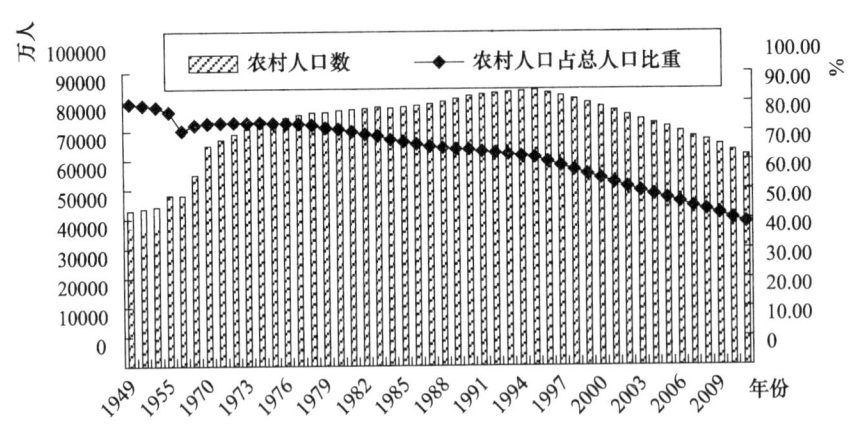

图 3—5　新中国成立以来中国农村人口数及所占全国总人口百分比

随着我国工业化和城市化的高速发展，耕地面积大幅减少，近年来正在以每年 600 万—700 万亩的速度递减。自从 80 年代后一直在人均 6 亩以下[②]。根据国家统计局公布的数字，2009 年年底，农村居民家庭人均经营耕地面积全国平均 2.26 亩；河北、河南、湖北、湖南、广西、海南等省（自治区）均为 1—2 亩。根据在河北省的调查，绝大多数被采访者的家庭人均耕地面积基本都在 5 亩以下，而且多数情况是 2 亩以下甚至不到 1 亩。据此推断，近 50 年左右，农业劳动者总体上都是处于不完全就业的剩余状态。这些劳动力都需要靠职业分化来解决生计和增收问题。

可见，庞大的农村人口数量使农民转移分化的任务非常艰巨，要使几亿农民实现职业分化，这将是人类历史上最为宏大而又艰巨和复杂的

[①] 麦音华、彭秀建：《估算中国农村剩余劳动力数量——动态一般均衡分析》，2010 年 12 月（http://article.yeeyan.org/view/147927/160542）。

[②] 殷晓清：《农民的职业化——社会学视角中的三农问题及其出路》，南京师范大学出版社 2005 年版，第 91 页。

工程。

二 工业和城市对农民职业分化发挥的作用不足

长期以来，农业和农村为国家工业化以及城市提供大量的物资及资金积累，但随着工业和城镇的发展，农业和农民的生产能力相对萎缩和落后，出现了大量的农业剩余劳动力，而这些剩余劳动力并未能随国家工业化的推进而转移出去，大量的农业人口长期滞留在农村，农民被抛弃在工业和城市之外。

农村出现和存在大量剩余劳动力是世界各国在发展初期出现的普遍现象。该问题在有些国家很快得到了很好的解决，而在有些国家却成为长期困扰。而该问题的解决和一国的工业化和城市化的进程是密不可分的。因为农村剩余劳动力转移的地域去向是各级城镇，职业去向是非农产业。因此，要想解决农民的职业分化问题，就必须充分发挥工业化和城镇化对农村劳动力的吸纳作用。

改革开放以后，尤其是近年来随着东部地区城市工业和经济的发展，农村劳动力外出打工和就业的规模越来越大。虽然如此，我国工业和城镇为农民职业分化提供的岗位还是不能满足需求。主要原因在于以下几点：

第一，乡镇企业对分化农民的吸纳能力明显减弱。

乡镇企业是中国农民实践的产物。20世纪80年代，乡镇企业成为中国农民职业分化的主要载体。1980—1990年的10年间，乡镇企业从业人员从3000万增加到9265万，年均新增就业机会近600万。然而，进入20世纪90年代，尤其是1995年以来，乡镇企业的发展速度开始明显下滑，甚至出现负增长，成为劳动力净输出部门。究其原因，主要在于以下几点：首先是乡镇企业布局的分散使其丧失了应有的积聚效应和扩散效应，从而其经济效益和吸纳劳动力的能力出现滑坡；其次是近年来乡镇企业逐渐从劳动密集型向资本密集型转变，吸纳劳动力的能力与效益的增加不成正比发展，就业弹性明显下降；此外，随着国家鼓励发展乡镇企业的一系列优惠政策条件的改变，尤其是中西部农村的乡镇企业遇到市场被城市工业和东部乡镇企业占领的困境，使乡镇企业吸纳农民分化就业的能力和作用明显减弱。

第二，城镇化建设的速度和布局有待提升，带动农民职业分化作用不尽如人意。

城镇是第二、第三产业聚集的地区，因此，促进农民职业分化，离不开城市化率的提高。然而，目前我国的城镇化建设还不能满足农民职业分化的需求。首先，中国城镇化总体水平不高，在进入21世纪之前尤其明显。城镇建设慢，农业人口就无法从农村走出来、在城镇找到足够的就业空间进行职业分化。其次，由农民分化造成的小城镇的发展，虽然对整个社会具有积极的作用，但在建设和形成过程中也存在一些问题，如部分小城镇的发展具有自发性和缺少合理规划的特点，造成基础设施投资大且效益低、占用耕地过多、布局不合理、规模小、功能差等问题。这些问题不仅对城镇化的发展带来一定的影响，也导致城镇化在带动数以亿计的农民进行职业分化方面显得力不从心。

第三，中国第三产业滞后，带动农民分化不足。

世界经验证明，随着城市化和工业化的发展，第三产业迅速发展并吸纳大量劳动力是必然趋势和现象。在工业化与城市化同步发展的国家中，每转移一个农业劳动力到工业，就可以转移两个或两个以上的劳动力进入第三产业[①]。随着我国城镇化和工业化水平的提高，第三产业应成为拉动农民职业分化的主要渠道。"九五"期间前四年全国从业人员共增加2639万人，第三产业吸收了其中的81%（2136万人）。此外，由于第三产业吸收劳动力具有广泛性和多层次性的特点，很多工作，尤其是服务部门和流通部门的许多工种简单易操作，不需要很高的专业知识和技能，简单培训即可上岗，且具有低风险的特点，非常适合当前中国农民职业分化的需要。

然而，中国第三产业的发展水平相对滞后，没有充分发挥其在农民职业分化中应有的作用。从世界角度来比较，中国第三产业的比重不仅起点低，而且发展也相对较慢。西方发达国家第三产业在1987年的平均值就占国民经济总值的52%，而当年我国第三产业的比重还不到30%；与相近发展水平国家相比也明显落后。1980年相近发展水平国家第三产业的平均比重为34.6%，而中国只有21.6%，落后13个百分

---

① 于华：《中国农民分化问题浅析》，硕士学位论文，河南大学，2005年，第6页。

点。20年后，相近发展水平国家第三产业比重平均提高了13.6个百分点，而中国较之低2.1个百分点。直至2010年，我国第三产业比重也仅为43.1%。如果以不变价格计算，中国的第三产业增加速度可能要更慢[①]。从根本说起，第三产业的价值来源是第一产业和第二产业，尤其是第二产业的经济附加值，而工业超额利润的增加只能靠科技创新。由于作为第三产业价值主要来源的工业创新能力不足以及作为第三产业依托的城镇发展较慢，加上其他各种原因，导致我国第三产业发展相对缓慢，以致其对农民职业分化带动力不足。

三 制度与政策障碍影响农民的彻底分化

户口将居民分成城镇人口和农民，同时配套的各种福利政策和设施等相关的政策和条件也把城市与农村分割开来，农民身份从而成为一种制度安排，被赋予了相应的政治、经济和社会含义，同时也具有不可转换性。即使农民进入城市打工或是在乡镇企业当工人，他们的身份仍然是农民，农民职业的分化并没有给他们的身份和地位带来改变。

同时，相关的各种福利政策和保障制度也将农民与城镇人口区分开来，许多即使是已进城多年、改变了职业身份的农民，也仍然被排斥在城市管理体制之外，享受不到市民待遇，与同一工作单位的具有城镇户口的同事存在着身份与地位的明显差别，难以融入城市社会。此外，在子女入学、养老和医疗保障、福利待遇等一系列相关的政策和制度方面，农民依然在很大程度上被排斥在城市以外。可以说，农民的职业分化在很大程度上没有制度的承认和支持。这种城乡分割的局面在一定程度上导致农民无法真正融入城市，限制了农民的职业分化及其稳定性。

除了户籍和保障等制度对农民进行职业分化、转变身份融入城市形成较高的壁垒以外，其他各项相关政策法规的不规范和不健全也限制了农民的职业分化。一是劳动力市场及相关政策法规不健全，导致目前农

[①] 《经济观察：中国第三产业发展为何慢一拍？》，《华声报》2000年7月（http://finance.sina.com.cn/view/general/2000-07-01/39210.html）。

民从第一产业向其他产业分化转移存在相当程度的盲目性和无序性,不利于农民职业分化的合理发展;二是市场秩序不规范,执法不严,许多企业打工者的合法利益得不到有效保护,令分化农民存在很大担心。这些问题都限制了农民职业分化的加速和提升。

四 自身素质低限制农民职业分化

农民要想进行职业分化,从事农业以外的工作,首先需要具备该种工作所需要的职业技能。而当前我国农民总体来讲平均素质较低,人力资本禀赋较差,与分化相关职业的要求常常具有较大差距,因而在获得就业机会方面明显受到限制。

1996年,在整个农村住户劳动力中,文盲或半文盲占11.23%,具有小学文化程度的为35.52%,初中文化的占48.82%,高中文化的占8.91%,中专文化和大专以上的分别为1.2%和0.51%,大量进城农民工以初中文化水平为主。根据全国第六次人口普查数据,全国乡村地区15岁以上文盲人口达38884409人,占乡村15岁以上人口比重达7.26%,占全国文盲人口的多半(全国15岁以上文盲人口为54198640人)。此外,全国6岁以上乡村人口中,受教育程度为未上过学、小学、初中、高中、大学专科、大学本科、研究生的人数比为7.2∶38.1∶44.9∶7.7∶1.5∶0.5∶0.02;其中,20岁(含)以上乡村人口中,该比例为8.6∶35.3∶46.6∶7.2∶1.7∶0.5∶0.02。可见小学文化和初中文化的人口占农村人口的主体[①]。

20世纪80年代时,大量廉价体力型为主的内地流动劳动力的充足供给,保证了沿海经济发达地区的投资环境和产业竞争中劳动要素的优势,促进了劳动密集型加工业的发展,也为许多农民职业分化提供了就业机会。然而,在进入90年代以后,随着知识经济的到来和产业结构的升级,劳动密集型工业开始向资本密集型和高新技术产业转变,低素质劳动力的就业空间开始变得狭窄,各用人单位和职位提高了对劳动力素质的要求。然而,我国农民素质提高的速度显然没有跟上时代的要求,加之缺乏相关的职业培训,就业能力不能迎合工作

---

① 根据国家统计局全国第六次人口普查数据计算得来。

岗位的需要，大大限制了农民职业分化的范围和途径。不仅如此，即便是到今天，农民从事的非农职业依然以低科技含量、低文化要求的劳动力密集型行业和初级工种为主，严重影响了农民职业分化结构的合理性和层次的提升。

第四章

农民职业分化环境分析

根据行为动机理论，个体的行为由环境、动机与能力共同作用产生。因此，本部分首先对农民职业分化的外部环境进行分析。影响农民职业分化行为的环境，主要在于经济、社会和制度等因素。一国或一个地区经济和社会发展的情况会影响农民职业分化的机会和分化水平，而其影响往往直接表现在该地区的工业化、城镇化等现代化进程对农民职业分化的关系上。因此，本书从制度环境以及现代化进程两个方面分析农民职业分化的环境。

第一节 制度环境与农民职业分化

回顾我国农民职业分化的历史进程，可以发现，中国农民的职业分化是伴随着我国经济体制和社会体制的改革进程而推进的，也即，制度的变迁对农民职业分化具有普遍而深远的影响。制度作为社会群体的基本行为规范和管理准则，对微观和中观行为主体构成约束。农民职业分化的决策和行为都是在一定的制度背景下发生的，当制度发生变化，则农民职业分化的决策和行为模式也会产生相应的变化。

当前我国农民的职业分化兼业性强，而且伴随着一定的流动性。很多农民在职业分化的同时进行了由农村向城镇的转移。然而，进入城镇的农民往往遭受来自各方面的社会排斥和歧视。城乡分割的户籍制度和社会保障制度对农民进城分化形成了巨大的阻力，由此造成劳动力市场的城乡差别，也直接影响着农民职业分化的进展速度。此外，农地制度及其流转情况也在农民职业分化的彻底性和地区转移方面形成较大的影响。

一 户籍制度与农民职业分化

户籍制度是研究农民职业分化问题不可回避的重要因素。我国在进入20世纪50年代以后，由于在城市地区出现严重的粮食、煤炭和电力等生活必需品的短缺，加之当时城市地区的高失业率，一套严格管理人口迁移、限制居民进入城市的制度建立了起来。这一制度最早是在1951年公安部颁布的建立城市人口户籍制度的规定开始诞生的，到1955年6月22日，国务院正式颁布了《关于建立经常的户口登记制度的指示》，到1958年，《中华人民共和国户口登记条例》颁布，从此中国的第一部正式的户籍制度产生了，并以此确立了一套严格的以户籍为单位的人口管理办法，并由此产生了与户籍相关的"居住"和"暂住"等概念，造成了城乡之间、流动人口与本地人口之间在教育、医疗、社保、卫生等诸多方面的不平等。长期以来，中国的户籍制度成为农民进城的一道屏障，将农村劳动者限制在户籍所在地，使他们无法随着自身职业的变化而进行身份的变化，因而也难以实现稳定的职业转化。

改革开放以后，国家对一些限制城乡流动的制度政策逐步进行放松和调整。1984年，中央一号文件规定"允许务工、经商、办服务业的农民自理口粮到集镇落户"。到20世纪90年代以来，户籍制度改革逐步深化，1998年，在全国范围内，公安部着手对小城镇的户籍管理制度进行改革，主要目标是在小城镇逐步取消封闭式的户口管理，实行开放式的户口管理。此次户籍制度改革是历史的一大进步，但依然没有拆除农民成为真正城市居民这一制度障碍。2001年，国务院批准了公安部《关于推进小城镇户籍管理制度改革的意见》，允许在县级市市区、县人民政府驻地镇及其他建制镇"有合法固定的住所、稳定的职业或生活来源的人员及与其共同居住生活的直系亲属，据本人意愿办理城镇常住户口"，并规定在其子女入学、参军、就业等方面享有与城镇居民同等待遇，不得实行歧视政策，这一改革意味着小城镇户口管理开始松动。进入21世纪以后，中国开始加速城镇化建设，户籍制度改革也进入一个新的阶段。2009年12月5日至7日召开的2009年中央经济工作会议在部署2010年经济工作的主要任务时明确提出：要把解决符合条件的农业转移人口逐步在城镇就业和落户作为推进城镇化的重要任务,放宽中小城市和城镇户籍限制。2010年6月6日,新华社播发经党中央、国务院批准的《国家中长期人才发展规划纲要(2010—2020年)》,该规划提出"逐步建立城乡统一的户口登记制度"。2012年2月23日,《国务院办公厅关于积极稳妥推进户籍管理制度改革的通知》(国办发〔2011〕9号)发布。《通知》要求各地区、各有关部门认真贯彻国家有关推进城镇化和户籍管理制度改革的决策部署,积极稳妥推进户籍管理制度改革。《通知》提出继续探索建立城乡统一的户口登记制度。逐步实行暂住人口居住证制度。当然,目前农民进入大城市的困难还相对较大,户籍改革还有很长的路要走,而且户籍改革的步伐要依据城镇的容纳能力,这是由经济社会发展水平决定的,所以也不能贸然进行,需要循序渐进地完成。

随着我国户籍制度改革的不断深入,目前进入县、县级驻地镇以下的小城镇,已基本没有障碍。户籍制度的松动为农民职业分化提供了可能。在政策放宽的条件下,许多拥有职业分化条件的农民开始脱离农业部门,转而在本地或外出从事其他多种职业,农民的分化就是在政府的有意放开和农民的积极努力下慢慢跨越户籍制度的鸿沟[①]。

二 土地流转制度与农民职业分化

改革开放以后,农村地区实行了家庭联产承包责任制,土地所有权与经营权进行了分离,村集体依然保有土地的所有权,但经营权下放到农户手中。2003年《农村土地承包经营法》的颁布与实施为农民进行土地使用权的流转提供了法律依据和保障。

家庭联产承包责任制的推行极大地解放了农村的生产力。农民自主生产、自主经营,成了独立的商品生产者,能够自主支配、调节和安排自己的劳动时间和家庭劳动力分工。由于农业生产的季节性特点及农村人多地少的现实,长期被掩盖的农村劳动力过剩矛盾显性化,部分农民离开土地、从事其他职业就成为了必然的选择。然而,运转有效而又制度化的土地流转机制尚未完全形成,严重地制约着农民的职业分化。一

---

① 陆学艺:《当代中国社会阶层研究报告》,社会科学文献出版社2002年版。

方面，分化的农民因为社会保障制度的缺失而依然将家中的土地作为失业、患病和养老的保障；另一方面，有能力又有愿望进行现代农业生产的农民，又往往难以获得具有足够规模的土地。与此同时，在土地流转逐渐放开与规范的过程中，强迫农民进行土地流转的行为也时有发生，此类行为也使农民进行职业分化产生一定的顾虑。因此，健全完善土地流转机制，在保护农民合法权益的同时合理引导农民进行土地的流转，促进农业专业化和现代化、提高农民职业分化的速度与彻底性，是当前政府应做的努力。

按照《农村土地承包法》第 26 条规定，如果进行了职业分化的农民在城镇定居，能够真正成为市民并享受与户籍政策相关的社会保障和劳动力市场等政策，就应收回其所承包的土地。但由于目前农民的职业分化很多是不彻底的，多数分化农民虽然在城市就业，但并未享受到市民待遇，加之其所从事非农职业的不稳定性，土地对其承担的保障功能仍然不可或缺，因此，如果强制剥夺农民的土地经营权，反而会阻碍农民的职业分化。

总体说来，现行的农村土地制度对于农民职业分化依然存在的一些影响，主要体现在以下几个方面：

首先是土地的保障功能依然无法忽视，因此，对于农民职业分化的推进具有一定的限制。农村中大量的隐蔽性失业之所以没有造成社会动荡，主要应归功于土地对这些人口的吸纳能力，当然土地的保障功能毕竟有限。此外，进行职业分化对于农民来说具有不确定性，工作的可获得性、失业的风险、收入的稳定性等都存在一定的疑问，加之很多农民非农职业收入的数量并不高到满足承担家庭所有的经济要求和承担家庭开支和就业的成本，因此许多农民仍然十分依赖土地，并对职业分化尤其是外出就业持有一定的消极态度。

其次是在法律和制度方面的不健全限制农地的流转，影响农民的职业分化。在法律上，地权是多种权利的组合体，包括所有权、使用权、剩余索取权、处置权等。目前，我国土地产权边界较为模糊，同时土地的流转机制不健全。表现为：农村土地的所有权属于村集体，承包经营制赋予农民完整的土地剩余索取权，但其他各项权利既不完整，也不属于农民。那么，由于土地属于集体，农户之间真正意义上的土地买卖实际上是不存在的，同时，土地的抵押价值也就无从实现，农民无法真正而彻底地处置承包的土地，从而在一定程度上不易实现规模化经营或向城市移民，很多人的现实之选是亦工亦农的兼业方式，从而难以实现彻底的职业分化。此外，农地的集体所有权局限了农地的跨集体转让，这也为农民带来了很大的不便。

此外，对同等级、同距离土地均等分割的土地发包方式造成了土地分配的细碎零散，即使是在土地流转较为方便的情况下，也容易遇到由于某个农民或某少数农户的不愿转让而将承包大户的土地在中间进行隔离，从而严重影响农地的规模经营。这种情况在现实生活中屡见不鲜。

三 其他相关制度与农民职业分化

除了户籍制度和土地制度以外，城乡相对分割的社会保障制度和劳动力市场制度等也在不同程度上影响着我国农民的职业分化。

近年来，农村社会保障体系基本建立，随着居民养老保险实现并轨，城乡社会保障体系一体化已破冰。随着农村城镇化和农村家庭小型化的发展，农户的家庭保障功能逐步弱化，同时随着市场经济的发展和农村社会的发展，土地保障也不能承担农民抵御生活风险的全部负担。虽然国家在不断加快城乡福利和社会保障的一体化，但其发展还未能满足农民的保障需求。时至今日，土地依然作为大部分农民生存和养老的主要手段，因此他们不愿彻底脱离土地，致使农民兼业现象普遍，阻碍了农民进一步职业分化。只有当城乡统一的社会保障制度不断发展和完善，直至社会保障制度能够完成对农村土地和家庭保障的替代，才能真正解决农民的后顾之忧，彻底进行职业分化。

在城乡分割的户籍制度的基础上，劳动力市场也是分割的。虽然经济的开放性和市场经济体制的建立使得劳动力要素基本能够实现自由流动和配置，但城乡劳动力市场依然存在不均衡。主要体现在就业信息网络的建设、职业培训资源的获取、就业服务的完善等方面。随着城乡统一的劳动力市场的逐步建立和农村地区就业服务的提高，目前农民参加职业培训的比例越来越高，享受的劳务输出组织和服务以及就业信息的提供也明显增多，此外农民自主创业、返乡创业和进城创办民营企业逐渐享受到了各项税费减免等政策的优惠，以及资金、场地、创业培训和创业项目等各方面的支持和帮助。目前，城乡统一的劳动力市场正在逐步建立和完善，为农民职业分化提供了契机。

第二节　现代化进程与农民职业分化

根据配第克拉克定理，随着我国经济的发展和国民收入水平的提高，农村劳动力必然会出现分化，部分农民逐渐从农业中分离出来，进入二、三产业。在当前我国农业就业严重不充分的情况下，农民选择兼业或完全脱离农业的方式分化到其他职业，是必然的趋势和现象。随着经济的发展和历史的进步，中国农民的职业分化不断在广度和深度上发展。农民的职业分化，不仅带来了劳动力从农业到各行各业的迁移以及从农村到城市的迁移，还在生产要素方面逐渐带来了重新的配置。因此，中国农民的职业分化，与国家的现代化进程有着密不可分的联系。可以说，现代化的进程影响着农民职业分化的发展水平和速度，而要想实现现代化，也离不开对农村劳动力职业分化的研究与促进。因此本部分主要从二者的关系角度进行论证。

根据中国现代化战略研究课题组的研究成果，无论是第一次现代化还是第二次现代化，其评价指标都包括城镇人口比例、农业或第二、三产业增加值比重、农业或工业劳动力比重等项目。乃至主要反映评价对象的现代化水平与世界先进水平相对差距的综合现代化水平指数中，也包括服务业增加值比重和城镇人口比例等指标[1]。因此，本章主要采取以上相关指标和数据，就农民职业分化对工业化、城镇化和农业现代化的影响及其与现代化发展的关系进行分析。

一　农民职业分化与工业化

近代工业社会以来，农村劳动力的转移与分化一直是许多国家推动经济与社会发展的巨大动力。农村劳动力由农业转向非农产业既是工业

---

[1] 中国广播网：《几次现代化分别靠哪些指标来"评价"?》，2007年1月（http://news.sohu.com/20070128/n247886613.shtml）。

化的必然结果,又是促进工业化发展的重要因素。这已被许多经典的经济研究以及众多国家工业和经济的发展历史所证明。

(一) 农民职业分化与工业化关系的理论分析

农村劳动力的转移包含两重含义:一是指农村劳动力由农村向城镇的转移,这指的是农民在地理位置上的转移,也与城市化相联系;二是指农村劳动力从农业向非农产业的转移,近似于我们所讨论的农民的职业分化。因此,对世界上针对农村劳动力转移问题的经典经济学研究的回顾有助于论证农民职业分化与工业化之间的关系。

现代经济学关于结构转换过程中农村劳动力转移问题最早的系统考察是从费希尔—克拉克假设(The Fisher-Clark hypobook)开始的。费希尔在1935年发表的《物质进步的经济含义》中,对于经济增长、产业结构和劳动力转移三者之间的关系的假设,认为三大产业间的结构的演进必然同时是就业结构变化的过程,而就业结构的变动主要是农业劳动力的结构性转移。克拉克根据欧美发达国家工业化的历史数据进一步验证了费希尔的观点,并发现,实现工业化的过程就是农业劳动力就业比重从高到低的下降过程。[1] 我国是农业大国,农业人口大约8亿人,由于农业的严重就业不充分,大量农民正在或需要分化到其他行业。根据费希尔—克拉克的理论可以推断,中国如此众多的农民从农业向非农产业的分化,必定会引起就业结构的变化,而这将与三大产业间的结构演进同步,因而工业化的发展与农民的职业分化必然是相伴随的关系。

费景汉和拉尼斯在著名的刘易斯二元劳动力流动理论的基础上,提出农业劳动力的转移取决于农业技术进步、人口增长和工业资本存量的增长等重要因素[2]。该理论说明工业化对于农民的职业分化应起到推动的作用。托达罗的研究认为,在发展中国家,劳动力供给十分丰富而资本供给不足,二者的相对价格一低一高,但由于这些国家所采取的经

---

[1] John C. h. fei G., *Growth andDevelopmentfrom an EvolutionaryPerspective*, Oxford: BlackwellPublishers Ltd., 1999.

[2] Gustav Ranis J., "A Theory of Economy Development," *The American Economic Review*, Vol. 51, No. 4, 1961, pp. 533 – 558.

济发展政策扭曲了要素的相对价格,使后者不能反映实际的要素稀缺性,从而鼓励了工业中资本密集型生产体系的建立,减少了对劳动力的吸收,因此应针对该问题从要素稀缺性出发,采取适宜技术,鼓励发展劳动密集型产业。这从另一个侧面反映出,工业化对于农民职业分化的促进作用。

当然,农民职业分化与工业化之间并不是呈简单的线性关系,而是随着工业化发展的不同阶段呈现不同的特点。按照景普秋、陈甬军(2004)以及曹敏等人(2012)的观点,工业化的发展阶段可分为起步期、成长期、成熟期三个阶段,起步期工业占据主导地位,服务业是围绕着工业,尤其是制造业的发展而发展的。制造业相对于农业与服务业,专业化分工程度较高,劳动生产率水平也较高,对劳动力等生产要素的吸纳能力较大,同时由于此阶段以劳动力密集型产业为主的轻工业等行业为吸收劳动力的主要产业,对劳动力的基本素质与专业技能要求不高,便于农民进行职业分化,可以理解为对农民职业分化的拉力作用较为明显;进入成长期后,随着工业化的演进,一方面,促进了资本密集工业的发展,产生"资本排斥劳动",使得工业对于劳动力的吸纳能力随着工业化的深入而降低;另一方面,推动了服务经济的发展,随着作为劳动力密集型产业的服务业比重的提高,农村劳动力主要流入第三产业;进入成熟期后,工业化的作用开始淡化,工业对劳动力的吸收开始呈现负增长或零增长,但同时服务业功能得到进一步强化,现代服务业、信息产业等成为吸收农村劳动力的主要产业。

乔根森模式从农业部门与人口增长的角度出发,探讨了人口增长、农业剩余与劳动力转移及工业部门扩张之间的关系[①]。戴尔·乔根森还于 20 世纪六七十年代发表的《剩余农业劳动与二元经济的发展》中提出,农业是工业化的前提。根据他的理论,农业发展到一定阶段,出现农业剩余,农业人口必然向工业部门转移,从而推动工业化的发展。因此可以推论,农民的职业分化在一定程度上推动了工业化的发展。

---

① Jorgenson D., "The Development of a Dual Economy," *Economic Journal*, Vol. 71, No. 282, 1961, pp. 309 – 334.

总之，根据众多的经典模型和理论研究可以推断，农村劳动力由第一产业向第二产业和第三产业的转移是工业化进程中的必然现象。农民的职业分化不仅由工业化发展对其产生的吸引力而拉动，并在一定程度上取决于工业化的发展速度，但值得指出的是，农民的职业分化也为工业化的快速发展提供了必要的人力资源，做出了不可磨灭的贡献。

（二）农民职业分化与工业化关系的经验验证

英国是欧洲第一个进行工业革命的国家，也是最早实现工业化的国家。工业革命改变了英国的产业结构，推动了工业化的发展，也对农民的职业分化形成了影响。工业革命前英国以农业为主，农业人口占总人口的80%以上；工业革命后，第二、第三产业的比重迅速增加，很多农民也进行了职业分化，变成了工人，农业人口降到总人口的25%。根据著名的发展经济学家西斯蒙·库兹涅茨的统计，在1801年，农业、工业和服务业占英国国民生产总值的比重分别是32%、23%和45%，而到1841年则变为22%、34%和44%。越来越多的劳动力从第一产业转移出来，到城市从事第二、第三产业。具体说来，英国在工业革命后的工业化初期阶段，棉纺织业、煤炭业和冶金业等第二产业的发展，吸纳了大量的农村劳动力。资料表明，1751—1780年间，离开农业的人每十年为2.5万人左右，1781—1790年间上升到78万人，1801—1810年达13.8万人，1811—1820年间达21.4万人，1821—1830年达26.7万人。[①] 大批农村劳动力向制造业、矿业和建筑业转移，从事商业和交通运输业的就业人口比例在铁路时代到来以后，增速明显加快[②]。从农业部门分化出来的农民主要进入第二产业然后是第三产业。（见表4—1）第二次工业革命后，英国进入工业化中期阶段，农村劳动力由第一产业向第二、第三产业同时转移，以向第三产业转移为主[③]。20世纪

---

① 刘李胜、谭向军、姬文婷：《中外支柱产业的振兴之路》，中国经济出版社1997年版。

② 孔淑红：《农村剩余劳动力转移对产业结构高级化的影响》，中国经济出版社1999年版。

③ Gustav Ranis J, "A Theory of Economy Development," *The American Economic Review*, Vol. 51, No. 4, 1961, pp. 533–558.

中叶以后第三次工业革命发生,世界主要发达国家包括英国进入工业化后期阶段,在这一阶段虽然农民向非农产业的分化速度明显放缓,但其人数依然继续下降,从20世纪60年代到80年代农业劳动人口在全国就业人口中的比重由3%下降到1.6%,其中主要是分化到第三产业。(见表4—2)从英国工业化的整个过程来看,工业化的进程伴随着农村劳动力从农业部门向工业部门和服务业部门的转移,也即农民的职业分化。由此可见,工业化的快速发展,带动了农民的职业分化,而同时,工业化的发展离不开劳动力的参与,而其中的劳动力主要来源于农民,因此又可以说,农民的职业分化对工业化的发展起到了不可忽略的重要作用。

表4—1　　　　不列颠劳动力的分布（1801—1901年）　　　（单位:%）

年份	1801	1851	1901
1. 农、林、渔	35.9	21.7	8.7
2. 第二产业	29.7	42.9	46.3
（制造业、矿业和建筑业）			
3. 第三产业	34.5	35.5	45.1
其中(1) 商业和交通	11.2	15.8	21.4
（2）家庭和个人服务	11.5	13.0	14.1
（3）公用事业专门职业和其他	11.8	6.7	9.6

资料来源：迪恩·科尔：《英国的经济发展.1688—1957》,剑桥1964年版,第142页。

表4—2　　　　　英国三大产业劳动力变化情况　　　　　（单位:%）

时间	20世纪40年代	20世纪50年代	20世纪60年代	20世纪70年代	20世纪80年代
1. 农业部门	6	5	3	2	1.6
2. 工业部门	46	47	45	40	37.4
3. 服务业部门	48	48	52	58	60.0

资料来源：安良雄编：《近代日本经济史要览》第2版,第25页；转引自李富阁等著《南京工业结构调整和产业升级》,南京出版社2001年版,第13页。

法国是资本主义发展较早的国家之一，19世纪与英国同为世界强国，不仅早已实现工业化，而且其农业亦很发达。法国工业化与农民的职业分化具有较强的代表性。在18世纪初，法国的农村人口还占总人口的90%，到1848年后，该国的大机器纺织工业、金属工业、化学工业、银行业等都相继发展起来。到1994年，法国农业人口仅占总人口的4%，农业劳动力仅占总劳动力的4.3%。法国的历史证明，工业化与农民的职业分化相辅相成，同时，农民的职业分化与工业化的发展，并不是要消灭农业，而是将现代农业发展起来，提高农业的经营水平与效率。

德国的工业化发展也与农民的职业分化形影不离。在其工业化发展的同时，农业人口经历了从相对比重的下降逐渐到绝对数量的降低过程。从其工业和经济发展史上来看，德国在农业不断产生剩余劳动力的同时，制造业、建筑业以及服务业等非农行业逐渐兴起，这些行业需求的大量劳动力相当大一部分来自从农业中分化出来的农民，因此，其体现出流动劳动力就业分布与产业结构的变动相一致的特点。根据资料记载，在德国第二产业不断增长的就业人员中，绝大部分来自农村：从19世纪中期到1913年，农业部门就业人员在全部就业人员中的比重从55%下跌至35%，而第二产业相应地从25%上升到38%，第三产业则由20%上升为27%。因此可以粗略地认为，农业部门减少的就业人员正好转移到第二产业和第三产业中。如表6—3所示，1852年到1913年期间，工业、采矿业和手工业就业人数由380万人增加到1150万人，增长率为203%，第一产业就业人数由830万人增加到1070万人，仅增加29%，第三产业由300万人增加到850万人，增长率183%。农民起初主要向制造业尤其是纺织行业分化，之后主要流入制造业、采矿业、建筑业和交通运输业、商业、银行、保险等第三产业[1]。

---

[1] 蒋尉：《德国工业化进程中的农村劳动力流动、机理、特征、问题及借鉴》，《欧洲研究》2007年第1期。

表 4—3　　　　1849—1913 年德国三大产业的就业结构　　　（单位：%）

产业＼年份	1849—1858	1861—1871	1871—1879	1880—1889	1890—1899	1900—1904	1905—1909	1910—1913
第一产业	55	51	49	47	41	41	36	35
第二产业	25	28	29	31	35	35	38	38
第三产业	20	21	22	22	24	24	26	27

资料来源：Wolfgang Zorn, *Handbuch der deutschen Wirtschafts-und Sozialgeschichter*, Vol. 2, Stuttgart: DVA 1976, p. 528.

新中国成立后，国家开始大规模的工业化，农民的就业转换也在同步演进。1953—1957 年，我国开始第一个五年计划，当时选择的是重工业优先发展的工业化道路，工业化进入起步阶段，工业规模急剧扩大，有些农民开始分化进城务工。但由于农民的技能不能满足重工业的要求，因此分化并不明显。之后到改革开放前这一时期，全国经济和政治形势不断发生重大变化，农民转变职业进入工业也经历了先在"大跃进"时陡增，然后又因经济滑坡而返回农业的过程。改革开放后，轻工业、服务业先后发展起来，按照 40% 计算，我国现在的工业化已发展到了中后期，其中北京、上海和天津 3 市已完成了工业化，东部沿海的一些省份如辽宁、山东、江苏、浙江、福建、广东等的工业化完成度也已达到了 0.7、0.8，中部和西部一些发展较快的城市和省区达到了工业化中期阶段，只有西部落后地区工业化仍处于前期。农民务工潮也开始涌现，随着经济的发展，农民自主经营甚至成为企业家的也逐渐增多，农民职业分化的速度和规模也不断加快，兼业和专职从事非农职业的农民占农村居民的比例越来越高。

根据各国工业化和农民职业的转变，可以看出，虽然由于国家、地区及其资源禀赋和所处的经济发展阶段不同，农村劳动力在产业间转移的次序不尽相同，但都揭示出工业化的发展拉动了农民的职业分化，而同时农民的职业分化也为工业化的进步提供了必不可少的人力资源。

(三) 农民职业分化与工业化关系的统计验证

为了验证农民职业分化与工业化之间的关系,本书采用格兰杰因果检验法对二者进行分析,以求得出二者之间是否存在因果关系。

1. 数据来源

为了判别农民职业分化与工业化二者之间的因果关系,需要采取一国一定时期的年度数据来进行测算。为了保证数据来源的代表性、可靠性以及较为足够的样本量,本书采用国家统计局公布的历年《中国统计年鉴》上的相关数据进行整理、使用。

关于具体数据的选取,由于目前尚没有农民职业分化的全国性历史数据,因此,本书采用农业从业人员数占全部农村从业人数的比例来代表农民的职业分化情况。需要注意的是,由于在年鉴上缺乏1979年、1981—1984年、1986—1989年的农村从业人员数据,因此在测算时将这几年略过。关于工业化的发展情况,可采用工业化率来进行表示,但因为统计年鉴上缺乏较为完整、连续的各年工业增加值,因此,无法获得较为连贯完整的工业化率数据。由于工业产值这一指标与工业增加值非常相近,且其与全部生产总值之间的比值亦可反映出工业在一国经济发展中的贡献及发展情况,故本研究采用工业产值与国内生产总值的比值来代表我国历年工业化的发展情况。由于我国农民的职业分化主要是在改革开放后才快速发展的,而且在改革开放后我国的经济和社会环境相对平稳,数据的外在干扰较少,工业化的发展也较为平稳,因此本研究选取1978年以后的各年度相关数据进行测算。最后计算所得用于模型测算的数据如表4—4所示。

表4—4 中国农民职业分化与工业化发展相关数据 (单位:%)

年份	农业从业者占农村从业者比重	二、三产业产值在国内生产总值中所占比重	年份	农业从业者占农村从业者比重	二、三产业产值在国内生产总值中所占比重
1978	92.4	71.8	1985	84	71.6
1980	91.5	69.8	1990	81.6	72.9

续表

年份	农业从业者占农村从业者比重	二、三产业产值在国内生产总值中所占比重	年份	农业从业者占农村从业者比重	二、三产业产值在国内生产总值中所占比重
1991	81.4	75.5	2002	76.1	86.3
1992	80.1	78.2	2003	76.2	87.2
1993	77.6	80.3	2004	74.2	86.6
1994	75.1	80.1	2005	72.3	87.9
1995	72.5	80.0	2006	70.4	88.9
1996	71	80.3	2007	69.3	89.2
1997	71.0	81.7	2008	68.9	89.3
1998	71.8	82.4	2009	68.0	89.7
1999	73	83.5	2010	67.4	89.9
2000	73.7	84.9	2011	65.7	90
2001	74.8	85.6			

资料来源：根据各年《中国统计年鉴》计算得来。

2. 研究方法

在考察两个经济变量序列之间的关系时，可采用多种计量经济方法，如 var 模型、协整检验和格兰杰因果检验等。由于多数方法对于本研究来说存在一些缺陷，如协整检验只能判断两个变量之间是否存在较为长期稳定的关系，却无法获知两个序列之间的因果关系。同时，经济时间序列常出现伪相关问题，即经济意义表明几乎没有联系的序列却可能计算出较大的相关系数，但实际却毫无意义。而采用格兰杰因果检验可以解决以上各种问题，因此，本书采用格兰杰因果检验法对农民职业分化与工业化这两个变量进行因果判断。

格兰杰因果检验在考察序列 x 是否是序列 y 产生的原因时采用这样的方法：先估计当前的 y 值被其自身滞后期取值所能解释的程度，然后验证通过引入序列 x 的滞后值是否可以提高 y 的被解释程度。如果是，则称序列 x 是 y 的格兰杰成因（Granger Cause），此时 x 的滞后期系数具有统计显著性。一般地，还应该考虑问题的另一方面，即序列 y 是否

是 x 的格兰杰成因。

本研究采用 Eviews 软件进行计算。Eviews 计算如下的双变量回归：

$$y_t = \alpha_0 + \alpha_1 y_{t-1} + \cdots + \alpha_k y_{t-k} + \beta_1 x_{t-1} + \cdots + \beta_k x_{t-k} \tag{1}$$

$$x_t = \lambda_0 + \lambda_1 x_{t-1} + \cdots + \lambda_k x_{t-k} + \sigma_1 y_{t-1} + \cdots + \sigma_k y_{t-k} \tag{2}$$

其中，k 是最大滞后阶数，通常可以取稍大一些。检验的原假设是序列 x（y）不是序列 y（x）的格兰杰成因，即

$$\beta_1 = \beta_2 = \cdots = \beta_k = 0$$

$$\sigma_1 = \sigma_2 = \cdots = \sigma_k = 0$$

Eviews 可以计算用于检验的 F 统计量及相伴概率。

3. 计算结果与分析

利用 Eviews 软件，对表4—4中所整理的两个序列数据进行格兰杰因果检验，计算中最大滞后期 k 值取3，得到的计算结果如表4—5所示。

表4—5　　　　　　　　格兰杰因果检验结果

Null Hypobook：	Obs	F-Statistic	Probability
GY does not Granger Cause NMZY	22	7.99606	0.00239
NMZY does not Granger Cause GY		0.52560	0.67181

根据表4—5所示计算结果，第一个检验的相伴概率只有0.002，表明至少在99%的置信水平下，可以认为工业化是农民职业分化的格兰杰成因；第二个检验中，对于农民的职业分化不是工业化的格兰杰成因的原假设，拒绝它犯第一类错误的概率是0.67，表明农民的职业分化不是工业化的格兰杰成因的概率较大，不能拒绝原假设。

由模型计算结果可以看出，正如各学者研究所得的结论，工业化是农民职业分化也即农业劳动力向非农产业转移的原因，而反过来，农民的职业分化并不是工业化的原因。这是因为工业化的主要原因应为经济发展、产业革命以及一国或地区的经济政策和要素投入等各种原因，而非农民的职业分化。虽然农民的职业分化为工业化的发展提供了必要的人力资源，但它只能算是工业化发展的一个必要条件，并非其充分条件，也不能成为其足够的原因。可见，格兰杰因果检验验证了前文的分

析结论——工业化拉动了农民的职业分化,而农民的职业分化反作用于工业化,加速了它的发展。

(四)农民职业分化受工业化推动的案例分析

农民的职业分化不仅受到整个社会和经济发展环境的制约,而且明显受到本地及周边区域非农产业的发展及工业化水平的影响。也即,农民职业分化受工业化尤其是乡村工业化的影响非常显著。地区工业化发展较快,则本地农民职业分化程度也较高;地区工业化发展慢,则本地农民职业分化程度也较低。乡村工业越发达,为本地农民提供的非农就业机会也就越多,收益也越高,则农民多选择就地职业分化;乡村工业发展越慢,农民难以在本地区找到足够的非农就业机会,于是分化者选择外出就业模式越多。

以调查的保定市安新县三台镇狮子村和邢台市邢台县浆水镇清沙坪村为例,可明显对比出本地农村工业发展水平与农民职业分化的相关性。前者地处"北方鞋都"三台镇,整个镇上的农户基本都是鞋业商家,该村又拥有北方鞋材市场,全村568户人家中除了十几户专职务农外,绝大多数从事与鞋业直接相关的行业,或者自己当老板开鞋厂或鞋店,或者到本地的制鞋厂家去打工;而未从事鞋业的村民也是在本地因鞋业发展而兴起的服务业(餐饮业、娱乐休闲业、商贸业等)谋职谋生;值得注意的是,村中400多户人家已完全脱离农业专职从事非农行业,这在华北地区是较为典型的农村工业发展迅速的乡村地区。村中的劳动力基本没有外出打工谋生的,基本都被本地的鞋业及相关产业吸纳。后者虽距离邢台市不算太远,但地处山区,经济较为落后,本村没有任何的乡镇企业和工业,因此村民基本无法就地实现职业分化,故绝大多数农民和农户无法完全脱离农业生产,选择兼业和全职从事农业生产的相对较多,该村农民从事的非农职业多为到附近矿区做工、打些建筑和修路以及帮人刨山坡等零工,或是到邢台市或更远的城市去从事第二、第三产业,其非农就业模式多为相对不稳定的"打工"模式,而且选择"流动"和"两栖"式工作和生活方式的农民较为普遍。表7—2是两村居民就业的结构对比。

表 4—6　　　　两样本村居民就业结构（N = 3387）　　　　（单位：人）

	本村全职务农	本地兼业	本地彻底分化	外出从事非农职业	流动就业	非劳动人口	总人口
狮子村	32	396	1296	2	0	1059	2785
清沙坪村	145	10	22	10	117	298	602
合计	177	406	1318	12	117	1357	3387

注：非劳动人口主要指 16 岁以下和 70 岁以上农民，以及 16 岁以上未参加工作的学生。

从表 4—6 中可以看出，两村农民职业分化的区别主要在于：一是狮子村全职务农者的比例明显低于清沙坪村；二是两村农民在就业地的选择上差异明显，狮子村居民多数选择就地分化，而清沙坪村流动或彻底外出从事非农职业的比例很高。狮子村全职务农者仅有 32 人，才占该村总人口的 1% 多一点，不到全村劳动人口的 2%；而清沙坪村实现职业分化的农民只占全村劳动人口的近一半。狮子村绝大多数农民就地实现职业分化，仅有极个别人外出从事非农职业；清沙坪村在本地进行职业分化的农民共 32 人，占该村劳动人口的约 10.5%，长期外出或流动从事非农职业的农民为 127 人，占全村劳动人口的约 41.8%。这主要是由于狮子村农村工业发展迅速，且具有聚集优势，有一定的带动和辐射能力，因而本地职业分化的农民多；而清沙坪村基本没有本村的工业，农民为了寻找生计补充，多选择外出从事非农职业。

案例：乡村工业发达对农民分化意愿与行为的影响

某，河北省安新县狮子村人，男，29 岁，初中肄业。16 岁时初二辍学，开始从事与鞋业有关的工作。起初在家附近的鞋厂上班当鞋楦工，每月 1500 元。工作两年后因为不满足工资现状，选择了学习技术含量较高的缝纫技术，工资涨到每月 2800—3600 元。22 岁结婚后在家人的帮助下，夫妻二人与朋友家凑钱合伙开了一家小型高频厂，为大鞋厂鞋帮高压压花。开始前三年工厂工人只有 6 个，每个工人年薪 1.5 万—2 万元，最后两家各分红 3 万—5 万元。后来由于鞋厂的规模扩大，业务量增大，高频厂也扩大规模，职工人数增加了10人，工厂收益也增高。现在每年从工厂分红10万元以上。对于现在的生活状态，他表示很满意，家庭幸福，生活美满。不想像父辈一样种地，也不想去外面闯荡，就想在本乡本土继续做好自己的生意。

二 农民职业分化与城市化

农民在职业上进行分化，不可避免地会产生长期或短期地向城市流动的现象，从而使农民职业分化与城市化之间产生不可忽视的关系。那么，农民职业分化与城市化之间到底是一种什么样的关系呢？我们依然从经济理论与学说、各国的经济和城市发展史以及采用计量方法三个方面去论证。

（一）农民职业分化与城市化关系的理论分析

不仅我国目前为止关于农民职业分化的研究相对较少，国外更是由于没有户籍制度的限制而不存在这个问题。国际上，许多著名的经济学家及其研究都围绕着农村劳动力的转移，而其中一个方面就是农民从农村向城市的流动。综观这些对农村劳动力转移的研究，都脱离不了城市化。因此，可以说农民的职业分化与城市化的发展关系密切，甚至能够成为一个国家或地区城市化发展水平的一个标志。

许多关于农村劳动力从农村向城市转移的西方经典理论对于城市化与农村劳动力转移之间的关系都有所涉及，而且往往无法将工业化与城市化分开。阿瑟·刘易斯（W. A. Lewis）在20世纪50年代中期建立了第一个人口流动模型，曾在经济学界引起巨大的反响。他认为，发展中国家存在着二元经济，即城市现代部门和农村传统部门。由于两部门在经济结构和收入上的差异，导致了农村剩余劳动力不断流向城市[1]。后来这一理论得到了费景汉和拉尼斯的进一步发展。美国经济学家乔根森（D. W. Jorgenson）于1961年创立了不同于刘易斯—拉尼斯—费景汉模型的新的二元经济发展模型，该理论认为，农业剩余是劳动力从农业部门转移到工业部门的充分和必要条件，农业剩余规模越大，劳动力转移

---

[1] [英]刘易斯：《劳动无限供给条件下的经济发展》，转引自郭熙保《发展经济学经典论著选》，中国经济出版社1998年版，第124—125页。

的规模也越大,二者同比例增长。他不承认农业有边际生产率等于零的剩余劳动的存在,但其与前面两个模型都将城乡实际收入差异看作劳动力从农村迁入城市的唯一决定因素。产生于20世纪60年代末70年代初的托达罗模型建立在发展中国家普遍存在失业这一事实的基础上,他认为一个农业劳动者决定是否迁入城市的决策不仅决定于城乡实际收入差异,还决定于城市的就业率或失业率,而迁移者在城市找到工作的概率取决于现代部门新创造的就业机会和城市失业人数。

无论是哪一种理论或模型,无论它们之间存在哪些差异,它们拥有一个共同特征,就是证实了农民的职业分化也即农村劳动力向工业等现代部门转移,直接带来了农村人口的相对减少与城市人口的相对增多,也即城市化。这是符合各国历史事实的,因为无论发达国家还是发展中国家,无论该国处于何种发展阶段,非农产业的区位绝大部分位于城市(镇)。而农民职业分化从一定意义上来说就是农民从事非农产业,所以根据以上各理论,我们可以推导出这样的结论:农民职业分化所引起的农村人口向城市、城镇的聚集直接推进了城市化。或者说,城市化的进程在很大程度上取决于农民职业分化的规模与速度。

近年来,我国广大学者也从农村劳动力转移动力机制的角度探讨了城市化对农民在职业和城乡之间转移的影响。如陈吉元、胡必亮构建了农村劳动力转移的推拉模式;景普秋、陈甬军等把我国农村剩余劳动力转移的动力概括为来自农村的排斥力、来自工业化与城市化的推动力以及来自转移过程的摩擦力[①];张雅丽、张莉莉根据"推—拉"理论提出了农村劳动力转移的"合力模型",将城市化发展作为农民向非农产业和城镇转移的拉力因素之一纳入模型[②]。还有一些学者从工业化与城市化关系的角度分析(如景普秋、陈甬军,2004),认为起初是工业化推动了城市化,城市规模膨胀、数量增加、外延扩大从而推动和加速农民向城市转移。总之,多数学者认为,城市化是农村劳动力转移的动力。根据这些研究我们可以推论:农民职业分化由城市化所带动。

---

① 彭荣胜:《农村劳动力转移与城市化》,《商业研究》2009年第7期。
② 张雅丽、张莉莉:《工业化进程中农村劳动力转移"合力模型"的构建》,《经济问题》2009年第9期。

(二) 农民职业分化与城市化关系的经验验证

城市化给人类带来的最为明显的社会影响,就是引起了世界范围内的城乡人口迁移[①]。1800 年,全世界城市人口比重只有 3%,而到 1990 年,地球上已经有 50% 的人生活在城市里。城市化的过程必然伴随着农民从乡村向城镇迁移的过程,而这种迁移很多是由于职业的分化和转变而引起的。这是因为,城市化的根本推动器是工业化的发展,二者是正向变动的关系。

英国是最先发生工业化的国家,也是最早完成农业劳动力转移历史进程的国家。该国农村劳动力转移最早开始于 11—12 世纪,到 16—17 世纪,又出现了第二次劳动力快速向城市转移的浪潮。不过,到 1801 年为止,农村人口占全国总人口的比例仍达 68%,依然是一个典型的农业国。随着第一次工业革命的兴起,工业生产开始向城市大量集中,许多农民放下农具进入城市变成工人。在 18—19 世纪英国的城市化进程中,农村向城市的人口迁移对城市增长起到了重要的作用。1776—1871 年英格兰的农村—城市的迁移与城市化统计数据表明,英格兰 1776—1781 年的迁移占城市增长百分比的 59.5%,1781—1786 年达到最大值,为 89.0%,而 1806—1811 年达到最小值,为 27.5%,之后虽然有升有降,但迁移占城市增长的百分比总的趋势是保持在 40% 左右——在近一个世纪的时间里,迁移对城市化的贡献比例基本维持在 40% 以上[②]。(见表 4—7)

其他发达国家的城市化进程与英国类似。美国在 1880 年时农业劳动力占总劳动力的 51%,随着第二次工业革命的兴起,工业部门和第三产业吸引了大量的农民进入城市从事工业,1910—1950 年,美国农业劳动力比重年均递减率高达 1.95%,而同时美国也变成了一个城市人口占主导地位的现代化国家[③]。日本在 1947 年时农业劳动力占全国劳动力的 53.4%,但随后第二、第三产业的快速增长将农民从农业和

[①] 周加来、曹强:《中国农村劳动力转移与城市化进程研究》,《武汉职业技术学院学报》2007 年第 1 期。

[②] 同上。

[③] 蒋红奇:《我国农村劳动力转移与城市化进程的动态分析》,《湖南财经高等专科学校学报》2007 年第 1 期。

农村中迅速吸纳出来，农业人口快速下降，而城市化得到了高速发展。韩国在1961年朴正熙上台后工业迅速发展，吸纳了大量的农村劳动力，不到20年间农业劳动力比重下降了32.4个百分点，而城市化率明显上升。

表4—7　　　　　1776—1871年英格兰的农村—城市迁移占城市增长的比例　　　　（单位:%）

年份	迁移占城市增长的百分比	年份	迁移占城市增长的百分比
1776—1781	59	1826—1831	45
1781—1786	89	1831—1836	48
1786—1791	62	1836—1841	40
1791—1796	54	1841—1846	49
1796—1801	52	1846—1851	46
1801—1806	88	1851—1856	37
1806—1811	28	1856—1861	29
1811—1816	56	1861—1866	43
1816—1821	44	1866—1871	48
1821—1826	42		

发展中国家城市化的发展也如发达国家一样。随着农村人口迁移比例的增加，国家的城市化增长速度也在增加。例如，拉丁美洲在20世纪50—90年代，农村迁出人口的增长速度与该地区国家的城市化同样乐观，如图4—1所示。拉丁美洲的例子说明发展中国家农村—城市的迁移对城市化的作用更加巨大。亚洲和非洲的发展中国家的情况与此相同。此外，通过洲际之间的比较，更加可以看出农村人口的迁移对城市化的影响。图4—1中列举的数字显示，同期拉丁美洲的农村迁出的年均增长率高于非洲和亚洲，而其城市化水平的增长率也明显高于非洲和

亚洲。可见，城市化的水平受到农民从农村向城市迁移的巨大影响[①]。

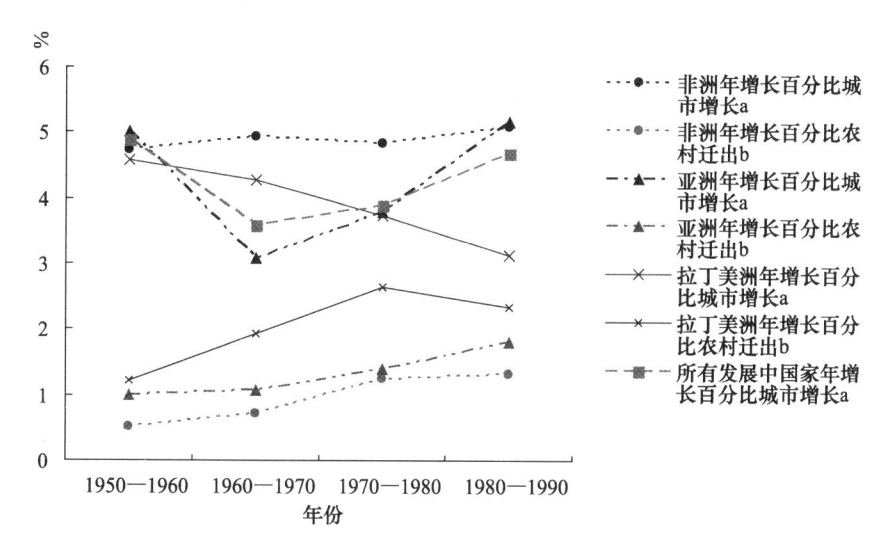

图4—1 发展中国家农村—城市的迁移与城市化

以上各国的城市化和农村劳动力迁移的历史数据说明，农村人口向城市的迁移与城市化紧密相伴，正向发展。而根据本书上一节的分析，农民从乡村向城市的迁移，主要是由于工业化的推动，也即农民因为职业的分化和转变而流入城市。因此可以推断，农民的职业分化促进了城市化的发展。同时，历史经验和无数的理论研究证明，工业化是城市化的原始推动力，城市化伴随工业化而产生，城市相较于农村在就业机会、工资水平和生活水平对农民具有较强的吸引力，从而拉动了农民的职业分化和向城市的流动。因此，可以得出结论：城市化拉动农民职业分化，农民职业分化又促进了城市化。或者可以说，在一定程度上，二者互为原因。

（三）农民职业分化与城市化关系的统计验证

为了证实农民职业分化与城市化之间到底是一种什么样的关系，本

[①] 周加来、曹强：《中国农村劳动力转移与城市化进程研究》，《武汉职业技术学院学报》2007年第1期。

书延续上一节对于农民职业分化与工业化的研究方法，利用相关统计数据进行定量分析，以求得出二者之间的因果关系。

1. **数据来源与研究方法**

为了判别农民职业分化与城市化二者之间的因果关系，需要采取一国一定时期的年度数据来进行测算。为了保证数据来源的代表性、可靠性以及较为足够的样本量，本书采用国家统计局公布的历年《中国统计年鉴》上的相关数据进行整理、使用。

关于具体数据的选取，对于农民职业分化的数据选取如上一节一样，采用农业从业人员数占全部农村从业人数的比例来代表农民的职业分化情况。同样，由于在年鉴上缺乏1979年、1981—1984年、1986—1989年的农村从业人员数据，因此在测算时将这几年略过。关于城市化的发展情况，本书采用城市化率来进行表示。与上节研究相同，考虑到由于我国的农民的职业分化主要是在改革开放后才快速发展的，而且改革开放后我国的经济和社会环境相对平稳，数据的外在干扰较少，城市化逐渐平稳加速发展，因此本研究选取1978年以后的各年度相关数据进行测算。最后计算所得用于模型测算的数据如表4—8所示。

表4—8　　我国城市化率与农民职业分化发展情况数据　　（单位：%）

年份	中国人口城市化率	农业从业者占农村从业者比重	年份	中国人口城市化率	农业从业者占农村从业者比重
1978	17.92	92.4	1994	28.51	75.1
1980	19.39	91.5	1995	29.04	72.5
1985	23.71	84	1996	30.48	71
1990	26.41	81.6	1997	31.91	71.0
1991	26.94	81.4	1998	33.35	71.8
1992	27.46	80.1	1999	34.78	73
1993	27.99	77.6	2000	36.22	73.7

第四章 农民职业分化环境分析

续表

年份	中国人口城市化率	农业从业者占农村从业者比重	年份	中国人口城市化率	农业从业者占农村从业者比重
2001	37.66	74.8	2006	44.34	70.4
2002	39.09	76.1	2007	45.89	69.3
2003	40.53	76.2	2008	46.99	68.9
2004	41.76	74.2	2009	48.34	68.0
2005	42.99	72.3	2010	49.95	67.4

关于研究方法,仍然选取格兰杰因果检验法。

2. 计算结果与分析

利用 Eviews 软件,对表 4—8 中所整理的两个序列数据进行格兰杰因果检验,计算中最大滞后期 k 值取 2,得到的计算结果如表 4—9 所示。

表 4—9　　　　　格兰杰因果检验结果　　　　（单位:%）

Null Hypobook:	Obs	F-Statistic	Probability
NMZY does not Granger Cause CSH	22	4.39711	0.02890
CSH does not Granger Cause NMZY		11.8597	0.00060

根据表 4—9 所示计算结果,第一个检验对于农民职业分化不是城市化的格兰杰成因,其相伴概率只有不到 0.03,表明至少在 95% 的置信水平下,可以认为农民职业分化是城市化的格兰杰成因;第二个检验中,对于城市化不是农民职业分化的格兰杰成因的原假设,其相伴概率更小,仅为 0.0006,应拒绝原假设,这表明至少在 99% 的置信水平下,应认为城市化是农民职业分化的格兰杰成因。

由模型的计算结果可以看出,首先,城市化是拉动农民职业分化的动力和原因,这符合一般学者的判断和假设,也说明要想推动农民职业分化快速发展,需要进一步加快城市化的建设;其次,农民职业分化在一定程度上也是城市化的成因，这与前文所分析的各经典经济理论研究以及对于世界上一些国家和地区的分析结论相一致，农民职业分化，必然会产生农村劳动力向城市流动的现象，从而促进了城市化的发展。总之，二者相辅相成，互为成因，在制定相关政策时应将二者相结合进行考虑。

（四）农民职业分化与城镇化同步发展案例分析

调查显示，随着农民职业分化的程度不断提升、城镇化脚步的加快，出现了乡村都市化和空心化并存的现象。在那些地区经济和乡村工业发展较好的地区，农村正在或已然转变为小城镇；而在那些相对比较闭塞、落后的地区，农民在本地无法找到充足、合适的非农就业机会，多数转而向城市正式迁移或往返于城乡之间实行流动就业，只有老人和一部分妇女、儿童留在乡下，形成了"空心村"。

仍以地处"北方鞋都"保定市安新县三台镇的狮子村，以及地处山区、较为落后的邢台县浆水镇清沙坪村为例，两村较具代表性地体现了乡村都市化和空心村的明显差异。

狮子村不仅坐拥北方鞋材市场，而且该村距离京津地区比较近，交通便利，吸引了来自全国各地的商人来此购置鞋品，倒卖鞋材。所以该村是一个信息交流快速的村子，受外来思想的冲击较大。更多的村民愿意选择鞋业，选择城镇的生活，摆脱农村生活，从农业中彻底脱离出去。城市文化对村民思想、观念及生活方式的影响都是不容忽视的。这也是拉动村民职业分化的一股力量。由于制鞋工业和商业发展迅速，导致本地存在城市特征，劳动者大都在本地就业，从事与鞋业相关的工作，除了十几户农民依靠土地流转提升经营规模完全以农业经营为收入来源，外出就业者的比例微乎其微，其他约占全村劳动力98%的所有村民都全职或兼职留在本地从事鞋业及其带来的相关服务业工作。此外，由于本地鞋业的发展，一些外地人也被吸引到此谋生。狮子村目前虽然还没有行政市镇的建制，在名称上仍是一个村，但越来越多的人口到此投资、经商、聚居于此，人口的增加又进一步推动了当地农业尤其是经济作物的赢利和发展。目前在市镇规模和辐射功能上还不完善，但在一定程度上正在扮演着城镇的功能。

清沙坪村地处山区，交通不便，经济较为落后，本地除了山坡可种些果树之外，没有什么特殊资源，从事非农职业的农民除了小部分在本乡镇范围内打些零工等以外，多数选择外地就业，全村职业分化者共计159人，其中长期在外工作的10人，流动就业117人，本地全职或兼业从事非农职业的共32人；外出从事非农职业的农民占全村所有劳动力的41.8%，其中流动就业的人为多数，占此部分人的92.1%。清沙坪村的异地就业导致了乡村的"空心化"，村庄里除了农忙时节和逢年过节，平时基本上只能看到老人、小孩和一些妇女，青壮年劳动力多数忙着到外地去打工，尤其是最为年轻的未婚劳动力，他们不满足于乡村的生活，常常结伴或托关系到较大的城市去找工作，这些人对未来的生活充满了理想与期待，进城意愿很高，一旦有机会，就会在城市定居，尤其是那些具有较高劳动技能、薪资水平和家庭经济实力的新生代农民工以及受过高等教育有机会到城里就业的毕业生，很少再回到本乡。由于很多村民一年中有很长时间不在村内居住，导致很多家庭是由老人和孩子守着全家的房子和土地，人均居住面积也明显大于狮子村。

调查发现，比邢台县清沙坪村空心化更为明显的村落有很多，这些农村很多比清沙坪村的交通相对更为便利、村内企业较少、乡村工业发展落后。这些地区的农民更多选择长期外出务工甚至是彻底迁移。乡村"空心化"早已成为一种普遍现象。

总之，通过调查发现，农民的职业分化水平或非农就业水平与城市化水平是同步提高的。经济和工业化发展相对落后的地区农民多进入城镇就业于非农产业，推动城市的进一步扩大和发展，但同时也形成了农村的空心化；农村工业发展迅速的地区，本地能够给农民带来很多的就业机会，农民进城意愿较低，多数愿意留在本乡村范围内从事相关非农产业，推动了乡村城镇化的发展。两种现象应是我国未来城镇化发展的方向，但同时也提出了一些挑战和问题：一是如何进一步放宽身份限制等制约农民市民化的因素；二是将来的农业由谁来经营，农村老龄化后农民的各方面保障也需要进一步提高。

案例：城镇化进程对农民职业分化意愿与行为的影响

某，河北省邢台县浆水镇清沙坪村人，女，19岁，高中肄业。因个人不想读书，18岁时从高二辍学，对农村的生活非常不满意，因此求其父亲托亲戚在邢台市找到一份单位食堂的工作，每月收入近1000元。工作了3个月后，因不满当前的工作和收入，非常向往大城市，于是和朋友一起到了北京，进入一家烤鸭店做服务员，月入2000—2400元，勉强维持生活，一年中只有过年回家。问及其为何选择外出务工，她表示因认为外出有更多的机会，也可以挣到更多的钱，不想在家务农，很希望变成城市人。她的这种想法代表了当前很多农村年轻人，尤其是较为偏远落后的农村年轻人的态度。对于目前的工作和生活，她表示不太满意，感觉工作辛苦而收入不高，计划将来学门技术，提高自身的就业能力。目前最大的苦恼是十分希望能够落户城市，得到稳定的工作和生活，但自身就业能力以及户籍等各种制度限制其愿望难以实现，另外，目前在城市中打工和生活的经历也令其感觉很难真正融入城市环境。

三 农民职业分化与农业现代化

(一) 从农业现代化的内涵和困难角度分析

由于农业现代化是指日益用现代工业、现代科学技术和现代经济管理方法将农业武装起来，使农业生产力不断提高，从传统农业转化为世界先进水平的现代农业。所以要想实现农业现代化，就必须提高农业机械化的应用、用生产技术科学化来为其提供动力源泉、实行农业产业化经营、用信息化来武装现代农业、让农业走上市场化与农业发展可持续化的道路，同时提高农业劳动者的素质也是实现农业现代化的决定因素。

然而，当前我国实现农业现代化还具有较多的制约因素，主要的问题在于：

第一，农业剩余劳动力大量存在，显性失业和隐性失业并存。尽管自从改革开放以来农民的职业分化加速发展，许多农民进入非农产业，兼业或专业从事非农职业，但目前农业就业的不充分仍十分严重，农业劳动力的就业压力依然很大。农民大量滞留在农业中，得不到充足的劳动时间和收入，直接影响农业经营的规模、农业生产的机械化和产业化以及农业生产率的提高。

第二，农业劳动力素质低。农民的科学文化和技术水平低，不仅无法达到农业现代化对于劳动者素质的要求，也大大制约了农民向其他行业和职业的分化。在调查中发现，许多农民反映希望谋求其他职业，却因为缺乏职业技能和较高的文化水平而难以获取非农工作，还有一些农民反映在农业生产中有提高科学化水平、发展现代农业的愿望，却感到在技术和知识上受到较大困扰。同时，当前还存在的一个问题是随着城市的高度开放和二、三产业的发展，越来越多的农村强壮劳动力投入到了非农职业，农业生产普遍存在由老人和妇女来完成的现象。据有关资料，我国的妇女承担着60%—80%的农活[1]，根据本研究对河北省几个重点地区的调查发现，老人务农和年轻人从事非农职业是当前农村家庭的普遍现象。如此一来，从事农业的劳动力明显趋于弱化。

第三，农业产业结构不合理，劳动生产率低。当前，我国的农业生产经营以种植业为主，而种植业内部结构不尽合理，粮食作物占有很大比重，经济作物的种植和经营规模较小，无法在市场竞争中获得优势。联产承包后，以家庭为单位的农业生产具有经营分散、规模小的特点，对于农户来说农业的主体部分还是生计性的，农业生产难以形成规模经济，农业劳动生产率低，为现代农业的发展带来很大阻碍。

第四，农业生产技术水平落后。虽然目前我国农业机械的使用越来越广泛，农业生产机械化越来越普及，尤其在平原地区，从耕地到播种到收获，大部分环节已主要依靠机械，但与国外相比，我们的生产技术水平仍为落后。尤其在广大的中西部地区，农民普遍采用的是一种外延式的扩大再生产，粗放经营，广种薄收、超载过牧、乱砍滥伐等现象仍然存在，不仅对生态环境造成了很大破坏，造成和加剧很多自然灾害，

---

[1] 王东平：《城市化进程中农村女性劳动力流动转移问题研究》，博士学位论文，河北农业大学，2010年，第5页。

大大削弱了农业可持续发展的能力，而且造成农业生产投入产出比低、经济效益差、市场竞争力弱。生产技术水平落后、缺乏科学的指导，就无法实现农业的现代化。

以上问题都涉及了农业劳动者。首先，农业劳动力过剩，就会降低农业收益、农民收入，从而使农民难以拥有足够的经营资本投入现代农业的发展；其次，农业劳动力过剩，过多的农民拥挤在有限的土地上，严重地限制了农业的经营规模，从而无法开展现代化经营；第三，农业劳动力素质低下，缺乏足够的文化知识、生产技能和科学水平，就难以真正实现农业生产的高度信息化、机械化、智能化和科学化，使农业生产长期停留在生产率低下的阶段；第四，大量的经营水平较低的农民进行分散的生计性农业生产，制约了农业经营产业化的发展，延缓了农业市场化的脚步，也对规模农业、立体农业的发展以及生物技术等高科技生产手段的应用形成了阻碍。如果能够有效促进农民的职业分化，这一切的问题都会在一定程度上迎刃而解。

（二）从农业现代化的实现条件分析

要实现农业现代化，就需要进行农业产业化经营，但如果农民迟迟不能进行职业分化，高比例的人口继续依赖经营传统农业维持生计，产业化农业是不会形成的。因为土地作为分散的小农户及农民生计的主要来源，对每个农户来讲是其维持生活之本，具有不可替代的重要作用，加之亩均劳动力相对远远大于生产的需要，农户完全可以安排足够的家庭劳动力和劳动时间进行耕作，因此无论种植规模大小，没有其他收入来源的农民不可能将其承包的土地转包出去。在这种情况下，土地耕作权根本无法实现高度集中。土地经营规模的扩大，要么依靠集中土地所有权，要么依靠集中土地耕作权。1950年以前，所有权集中导致中国农村阶级划分为地主、农民两大对立阶级，导致社会革命，租地雇工经营又被证明是不可行的[1]。50年代后期开始进入"人民公社"时期，农民扮演"农业工人"的角色，劳动力使用效率非常低，由于不存在产业农业的要素组合，这种将土地耕作权进行集中的尝试也失败了。于是到80年代后，将耕地划分为小块，按人口平均分配给村集体的成员，

---

[1] 罗仑、景甦：《清代山东经营地主经济研究》，齐鲁书社1985年版。

虽然生产效率有所上升，但过小的经营规模阻碍了农业向现代化发展。

据研究，规模农业与立体农业是农业的两种方向，而且自20世纪70年代后期开始，随着人均粮食产量的持续上升，大量粮食作为饲料转变成养殖业产出，立体农业逐渐发展起来[①]。但即使是农户采取立体农业经营方式，由于承包的耕地面积过小，也不可能有超过盈亏点的规模。

面对这种问题，唯一的出路就是让大量的农民从农业中逐渐脱离出来，另谋职业。随着农民职业分化的范围越来越广，大量农民不断进入工业和服务业等领域就业，在现行放开的土地流转制度下，才会有更多的农民将土地经营权转让给专业农户，而专业务农者的平均经营规模才有可能扩大，规模农业才会出现，现代产业农业的某些特征才会出现。而这样一来，不仅分化者可以取得较之以前传统小农业更高的收入，继续经营农业的农民由于有了规模效应，还会提高收益。这样，随着农户家庭总收入的增加，农业所需的生产资本才得以积累，农业才会走向产业化、机械化、信息化、科学化和市场化，现代农业才会发展起来。

(三) 从农民职业分化对现代农业的促进作用分析

事实上，随着农民职业分化的加速，很多农村地区的实际劳均种植面积已经在扩大。经对河北省一些地区的调研发现，当前多数家庭主要劳动力从事非农职业，老人或妇女在家经营全家人分到的耕地。如此算来，劳均耕地面积已比职业分化开展以前显然增多。例如，统计资料表明，虽然人口不断增多、城市面积不断扩大，但我国平均每个农业劳动力所经营的耕地面积却在增加。从全国来看，从1995年的4.31亩上升到了2005年的近6亩，从各省市来看，除了北京和黑龙江有所下降之外，其他各省市均有不同程度的增加。（见表4—10）虽然多数省份提高的比例并不是很大，但考虑到不断增加的人口和城市化的推进，这已经可以明显反映出农民职业分化对于耕地面积的影响了。

---

① 殷晓清：《农民的职业化——社会学视角中的三农问题及其出路》，南京师范大学出版社2005年版，第163页。

表4—10　　　　　我国各地区劳均耕地面积变化　　　　（单位：公顷）

地区	1995年	2008年	地区	1995年	2008年
全国	0.287	0.397	河南	0.241	0.279
北京	0.565	0.351	湖北	0.243	0.459
天津	0.515	0.565	湖南	0.151	0.201
河北	0.377	0.425	广东	0.169	0.182
山西	0.573	0.631	广西	0.165	0.272
内蒙古	1.023	1.284	海南	0.211	0.329
辽宁	0.536	0.585	重庆	—	0.328
吉林	0.704	1.083	四川	0.155	0.271
黑龙江	1.573	1.525	贵州	0.135	0.372
上海	0.409	0.494	云南	0.173	0.362
江苏	0.283	0.519	西藏	0.253	0.405
浙江	0.140	0.286	陕西	0.321	0.445
安徽	0.221	0.357	甘肃	0.515	0.635
福建	0.153	0.205	青海	0.436	0.440
江西	0.202	0.313	宁夏	0.563	0.812
山东	0.266	0.375	新疆	0.831	0.982

注：本表中的劳均耕地面积是根据历年《中国统计年鉴》中当年耕地面积与农业从业人员数整理计算得到。另，由于统计年鉴上最远与最新的各地区耕地面积为1995年年底数和2008年年底数，因此本研究选取这两年的数据进行计算、对比。

可以说，农民职业分化是中国农业实现现代化的前提条件。其中的原理很明显：首先，随着农民的职业分化，在既定的土地上，种田的人越来越少，这样自然会给仍然留在土地上的农民更多的可耕种土地，务农者的耕作面积越大，农业经营才能具有规模效益，总体收益和比较效益提高，专职农民才能将农业作为一个就业的行业，从而农业生产才能更加专业化，发展现代农业才会在各种要素方面得到保障。其次，乡村中以农业为生的人越少，证明自给自足的农业人口也越少，从而不自己种田而需要农产品的人就会越多，农产品的市场空间才会增大，农业的剩余产出就越多，农业对于农民来说才成为有利可图的职业，从而改变小农经济的生计模式，走上产业化的道路。最后，每个劳动力的单位工资要求越高，农产品的附加值要求就越大，农产品市场的实现水平也就越高，这不仅能够导致立体农业的出现，也有利于提高农业的市场化水平。该结论与一些关注农民的职业与务工等领域的前人研究结论非常相似。如殷晓清（2005）关于农民的职业化与农业产业化的关系的分析提出了相似的观点；又如，早在1998年黄平、E. 克莱尔就指出："1994—1995年间对中国四省八村的访谈研究表明：在农户很难在农业和非农业或农业和移民之间做出经济上的选择的村里，假如土地耕种条件相当不利，农户就觉得，如果他们要继续从事农业生产，那么除了从事非农事业或外出打工挣得现金补贴农业外，没有其他的选择，而在某种条件下，农业本身都快成了一种补充性的副业，或者被移民的汇款所取代。"[①]

因此，从国内外的历史经验和农业自身来看，更多的农民脱离农业进入其他行业，只留下一部分农民专业务农，是农业现代化发展的需要，也是农业自身发展的必然要求，同时也是提高农民整体收入的唯一途径。

当然，随着农业现代化的逐步实现，必然也会促进农民工作专业化的发展，致使更多的农民从事非农职业，促进农民职业分化的发展。

（四）农民职业分化与农业现代化互动发展案例分析

调查发现，无论是相对人多地少的乡村，还是相对地多人少的乡村，随着村中农民职业分化，越来越多的农民从农业中转移出去，务农者的耕地规模得到了逐步扩大，农业经营收益也随之增加，进一步推动了农业生产的科技投入和投入产出比的增加。以土地资源相对丰富的沧州市南大港新区十里河村和土地资源较为贫乏的保定市安新县三台镇狮子村为例，可以说明这一现象。

---

① 黄平、[英] E. 克莱尔：《对农业的促进或冲击——中国农民外出务工的村级研究》，《社会学研究》1998年第3期。

十里河村因为濒临渤海，土质较差，基本都是盐碱地，又由于历史原因，以前是一个国有大农场，因此人均耕地面积在整个河北省都是较大的，多数劳动力能承包到近10亩地，一般农户能承包到20多亩耕地。近年来，随着越来越多的农民出去打工、做生意，加之土地流转政策的放宽，一些农民和农户不再经营耕地，将之转包给其他农户，从而该村出现了一些农业大户。目前，村里共有两个种植规模在80亩以上的农业大户，另有4个养殖大户。两个种植大户种植的农作物和规模基本一样，都是不到20亩的西瓜和五六十亩的玉米与小麦，一年两作。由于经营规模比几年前明显扩大，他们获得了种植的规模效益，抵抗市场风险和价格波动的能力也有所攀升。这两年，随着收入的增加，每户都在以前家庭拥有的几台小型农机具的基础上，进一步购置了中型农机，进一步扩大了耕地的机械化作业率，实现了机耕、机播和机械打除草剂，大大提高了劳动生产率，即使如此大的经营规模，也并不需要很多的劳动力。除此之外，在每年的农忙时节，他们还操作这些农机给附近的农户工作，一般机耕每亩地收入20元劳务费。农机服务为这些农业大户带来了额外的收入，同时也进一步提高了附近农户的收入，与其较大规模的农地经营形成了良性循环。此外，4个养殖户还同时经营村里分的耕地，不仅逐渐提高了经营的收益和规模，还依靠经营的农地发展起了立体农业，大大节约了养殖成本，提高了经营效益。

20世纪80年代以前，狮子村农民的收入主要来自土地产出，人多地少的矛盾越来越突出。随着工业的发展，加之本地鞋业特色产业的顺利发展，村民带有一定的"重工轻农"的思想观念，随着经济和社会的发展，农民对物质生活水平的要求越来越高。很多农民表示，虽然现在国家和地方的各种粮农补贴逐年升高，政府对农业的支持力度在加大，但由于耕地经营规模过小，加之种地成本的不断提高，单纯依靠有限的几亩耕地来养活一家人已经远远不能满足人们的需求。因此，很多村民开始离开土地转向工业和服务业，这种倾向在年轻人中尤其明显。据调查，该村农业经营者中，60年代出生的明显多于70年代出生的人，87%的80后已完全脱离了农业进入鞋业相关企业，将土地承包给以农业为生的农业经营大户。因此，村中的耕地虽然有限，但已集中在很小一部分农户手中。根据所处地理位置和种植条件的特点，这些农户种植的农作物除了小麦和棉花以外,由于近年来本地鞋业的发展吸引了大量的外来人员到当地打工和生活,农业在本地也获得了更多的商机,因此一些农户开始每年固定种植西瓜或蔬菜,获得了更为可观的收入。调查时,这些农民表示越来越认识到了科技和经营知识在农业中的重要地位,希望能够从政府获得更多的技术培训和服务。

总之,调查发现,随着越来越多的农民进行职业分化,农业劳动者的平均经营规模的扩大才成为可能,规模农业才得以出现,为农业现代化的实现提供了条件;随着购买农产品的消费者和农产品需求量的增加,农产品的市场空间才会增加,农业经营的收入才得以增加;随着农户家庭总收入的增加,农业所需的生产资本才得以积累,农业经营的机械化、科技化、科学化才会逐渐实现。因此,农民的职业分化是农业盈利的前提,也是实现农业现代化的前提。而随着生产要素的不断集中和农业现代化进程的加快,越来越多的农民被推动到职业分化大军中,农民职业分化的规模也在扩大。

案例:农业现代化与农民职业分化关系紧密

某,河北省沧州市南大港区十里河村人,男,47岁,初中文化,退伍军人,党员。本村两个养猪大户之一。大儿子24岁,与村中多数青年一样,脱离农业生产,大专肄业,后到沧州某专业培训学校学习电脑机械制图,现已结婚,在沧州市某汽车配件厂做管理工作。20年前开始养猪,10年前承包了村里过去国营农场遗留下来的猪舍,搞起了专业养殖,基本不用向村里缴纳什么费用。后来随着经营收入的增加,自己又垒起了几个猪圈,一年出栏肉猪500头,一年2.3—2.4窝,此外还有生产用母猪30头、种猪若干头。每头肉猪可带来100元到1000元不等的收入。除了养猪外,家中还经营着50亩耕地,其中30亩是村中的承包田,20亩是从其他村民处转包来的。其中8亩种西瓜,其他42亩种小麦和玉米,一年两作轮流耕种。为了节省成本,家中的猪舍和耕地全部由夫妻二人经营,二人每年花在农地里的时间共30天左右,其他大部分时间放在养殖场。农地中播种、耕地和收割全部采取雇用联合手用农机完成,为他们降低了大量成本,包括种子和人工,如果赶上好年头，耕地也能为其带来约5万元的收入。此外，耕地中收获的玉米还可用作猪饲料，形成了立体农业。规模农业与立体农业相结合，并享受到农业科技发展带来的生产效率提高的好处，该农户的经营收益越来越趋于稳定和扩大，除了早已购买了两辆拖拉机和1辆面包车以外，现在已经在县城购买了120平方米的商品房，还有30平方米的车库，生活越过越好。

四 农民职业分化对现代化进程的影响

现代化进程推动着农民的职业分化，而农民职业分化对现代化进程也具有一定的反作用，直接或间接地影响着现代化的进程。

（一）农民职业分化对现代化进程的直接影响

当前我国很多地区已完成工业化或达到半工业化，全国整体来看已是半工业化国家，农民职业分化对于工业发展的巨大贡献以及工业对于农民职业分化的带动作用在前文已经论述。随着第二产业的不断成熟和发展速度相对变缓，对于农村劳动力的吸纳能力已相对有限。根据英、美、日、韩等工业化和城市化发展较早的国家的经验，当前应大力发展第三产业。根据相关统计数字，我国农民进入非农产业最多的行业除了工业和建筑业以外，就是服务业（可参看全国第六次人口普查资料）。随着改革开放的不断深入和我国经济的发展，服务业在国民经济中所占的比重越来越高，从20世纪70年代末到80年代初在20%多一点上徘徊，到80年代中期后上升到30%左右，进入21世纪更是突破40%，第三产业的贡献率也从1990年的17.3%上升到近年来持续的40%左右。服务业的迅速发展必然需要大量的劳动力投入其中。农民劳动力大军为服务业的发展提供了充足的人力资源。尤其是交通运输、仓储和邮政业、商业、餐饮业等对于劳动力素质要求相对较低的行业，不仅在我国近年来第三产业中所占的比重一直是较高的前几位，更是近年来农民职业分化的主要渠道之一。大量农民从农业中分化出来，进入二、三产业，为工业化的深入发展起到了重要的推动作用。与此同时，由于第三产业首先在城市发展起来，所以农民进入第三产业，多数也进入了城镇。越来越多的农民进入城镇从事非农产业，不仅促进了城市规模的扩大，也对小城镇的形成和发展起到了重要的作用。这样，可以将农民分成三类：一部分农民进入城镇从事非农产业，促进了城市和工业的发展；一部分农民留在乡村从事非农产业，推动了乡村工业化和乡村城市化的形成；剩下的农民利用分化农民留下的土地以比从前更大的规模经营农业，从而促进了农业现代化的发展。而农业现代化是目前我国现代化进程中相对最为薄弱的环节，要想促进农业现代化，就必须走上规模经营的道路，因此农民的职业分化也成为达到农业现代化、实现国家现代化的必要条件。除此之外，农民在职业分化的过程中，不断提高收入水平、专业技能和综合素质，从而适应和推动科学化和信息化建设的发展、适应知识经济的到来，适应更加民主、文明的社会。

总之，农民职业分化对工业化、城镇化、农业现代化以及科学化、信息化等现代化的方方面面都具有直接的影响，只有大量的农村劳动力从农民这个职业脱离出来分化到其他行业，才能推动我国的现代化进程。

(二) 农民职业分化对现代化进程的间接影响

农民职业分化除了对现代化进程具有举足轻重的直接影响，还从农村教育、农村人口增长以及农业专（职）业化等方面对其形成间接影响。

1. 农民职业分化与农村教育

(1) 现代化进程与农村教育

从当前我国农民职业分化的行业和职业来看，受教育程度是影响农民职业分化的关键因素。教育对于农民职业分化的驱动作用及其对现代化进程的影响主要表现在以下几个方面：

第一，农民向二、三产业和城市转移依赖于基础教育水平的提高。根据美国经济学家刘易斯针对发展中国家经济发展提出的"二元经济结构理论"，由于现代工商业部门的劳动生产率大大高于传统农业部门，从而形成极大的工资收入差距，使得农业部门中的过剩劳动力源源不断流向工业部门。这一流动带来两个结果：一是提高这部分从农业转移出来的劳动者的收入水平和生活水平；二是增加现代工业部门的积累，并由此使得工业部门更有能力吸收更多的农村劳动力到本部门就业。这种良性互动的关系造成的不断循环，促进"二元经济结构"向"一元经济结构"转化。当前我国工业相对发达，农业生产还在很大程度上停留在生计性层面，农业的生产率和比较效益明显落后于工业，因此刘易斯的理论基本符合中国当前农民职业分化和转移的一般情况。然而，在中国农民的职业分化与流动转移过程中，并未出现一次性的、永久的和彻底的转移，而是兼业化十分明显、两栖和季节性分化普遍存在。其原因除了僵硬的户籍制度的限制等客观原因以外，农民的整体素质偏低也是其分化不彻底的重要原因。在中国农村的1.5亿剩余劳动力中，80%以上受教育水平为初中以下，这与我国当前经济和社会文明的发展极不协调，也根本不能适应城市工业、服务业发展对高新技术和信息化的要求。因此，近年来，甚至出现了"民工荒"尤其是"技工荒"与"分化难"并存的矛盾局面：一方面是城市里的二、三产业缺乏大量有知识、有技能的劳动力；另一方面是大量农民由于自身素质低而难以分化滞留在农村。自2003年下半年起，民工荒基本上每两年出现一次，2010年经济复苏后，民工荒更加严重。如果说过去30年，我国主要是通过农村廉价劳动力完成"原始积累"的话，那么"民工荒"则警示我们：要想在知识经济的挑战中保持持续的竞争力，就必须转移经济发展战略，把廉价劳动力变成高价值、高素质的人才资源，才能实现可持续发展，而农民要想向工业和城市实现稳定、彻底、可持续的职业分化，也要依靠自身素质的提高。

第二，产业结构升级呼唤基础教育水平的提高。中国目前仍然处于全球化中的低利润分工环节，在大量的"三来一补"、"加工贸易"中，工厂得到的利润微乎其微。利润分成过低，导致企业不能有效提高工人工资，而工资过低又会演化出诸如"民工荒"等一系列新的问题。解决"民工荒"，问题的关键不仅仅是破除户籍制度的限制、改变劳动力供给结构和维护劳动者的基本权利，还要大力促进技术进步和劳动力的人力资本开发，从而使中国企业走出全球经济中的低利润环节，制造出更多的优质就业机会，为促进农民职业分化、提高全民待遇创造条件。联合国教科文组织和经济合作与发展组织的一份联合报告提出："资本对早期的经济增长很重要，但长期经济增长取决于人力资本。"基础教育水平提高，才能为产业进步和升级提供符合需要的人力资本。对于农民个体而言，受教育程度提高了，才能在就业市场中更具备竞争力，从而顺利进行职业分化，如此也才更有可能获得较高的收入和在城市永久性居住的能力,从而进一步推动工业化和城市化的发展。

此外,农业现代化的实现也离不开农民素质的提高。要想实现农业现代化,必须要从传统的小农经济和农业经营方式过渡到现代化大农业。而现代农业需要具有较高文化素质和管理水平的农民,广泛应用现代科学技术、现代工业提供的生产资料和科学管理方法来完成。不仅在农业生产过程中农业机械的操作、改良育种、农作物抗病防病、提高土地产出率等需要依靠高素质的农民来完成,而且经济数学方法、电子计算机等现代科学技术和现代管理方法和理念在现代农业企业和农场管理中运用越来越广,都需要有文化、懂技术、会经营的新型农民甚至是农场主来实现。因此,要想实现农业现代化,就必须提高务农者的受教育水平。教育程度提高了,掌握的科学文化知识才能增加,学习能力和实践技能也才能得到提高,从而满足农业现代化发展对经营主体的要求。同时,只有提高农民的教育水平和经营水平,农业的附加值才能增加,经营农业的收益才能增加,从而走出低层次、贫穷落后的小农经济循环。

总之,决定农民职业分化的可实现性与职业收入层次的一个重要因素,就是农民的教育水平。受教育程度高的农民更容易谋得非农职业,从事非农职业的农民中,相对来说受教育程度较高者所从事的职业层次也较高,待遇更好,职业稳定性更高。全面提高农村人口的教育水平不仅是产业升级和农民职业分化的需要,更是未来国家工业和经济发展、城市和乡村文明建设以及农业现代化建设的需要,不注重农民教育水平的提高,必将阻碍现代化的实现。

(2) 农民职业分化与农村教育

在进行实地调查的过程中发现,在农村中,常常是那些年轻的、文化程度较高的农民分化到了非农产业中去,滞留在农村从事农业生产的是那些年龄较大、受教育程度较低的农民。本书将职业分化程度不同的农民进行对比,发现教育能够促进农民的职业分化。

首先,总体上农民受教育水平偏低。根据 2010 年全国第六次人口普查数据,在全国 6 亿多 6 岁及以上的乡村人口中,未上过学的人口仍占 7% 以上,大专及以上学历仅占 2%,其中拥有研究生学历的更是少之又少,主要集中在初中及小学文化程度。根据对河北省农村地区的调查,正如第四章对调查数据的分析,随着农民教育程度的上升,农民职业分化的比率也在逐渐上升,二者呈同方向变化,拥有大专以上文化的样本组分化比例高达近70%。但同时随着农民教育程度的上升,兼业者的比率却在下降,二者呈反方向变化,小学及以下文化程度样本组农民的兼业比率达到60%以上,而大专以上文化程度样本组农民的兼业率只有12.7%,二者反差明显。

进一步比较职业分化程度不同的农民在不同年龄段的受教育程度,发现两个规律:第一,纵向比较发现,无论农民的职业分化程度如何,其受教育水平均随着年龄的增大而降低。专职务农的样本组中,各年龄段农民均以初中文化程度为主体,但同时30岁以下的农民只有小学及以下文化的相对最少,仅为12.9%,拥有大专以上文凭的占17.7%;随着年龄的增大,样本群体中只有小学及以下文化程度的比例越来越高,而拥有高学历的比例却明显下降。其他两组,兼业农民和专职从事非农职业的农民中,其文化程度情况与第一组一致。第二,经过分别对各年龄段不同职业分化类别农民进行横向比较发现,随着农民职业分化程度的提高,农民整体的文化程度也在提高。例如,专业农民样本中,只有小学以下文化程度的最低也有12.9%,兼业农民稍低,专职从事非农职业的农民最高仅为16.7%;专职务农的样本群体拥有大专以上学历的比例最高为17.7%,兼业农民与其相近,专职从事非农职业的农民整体学历最高。除此之外,我们还可以发现,整体来看,兼业农民与专职务农者的受教育程度差别不大,甚至专业农民中还有相对较高的高学历人才比例。经过调查发现,这是因为一些具有一定文化程度的农民有较高的经营规模农业的意愿,并付之于行动,还有一些有文化的农民,拥有一定的资金积累或农业机械操作技能或养殖技能,长期操作大型农用机械进行田间作业或经营养殖业。兼业农民往往拥有一定的非农业技能,或是一定的资金,从而发展一项非农职业,作为务农的补充。但其拥有的职业技能往往是较为初级的,或其开展的业务所需资金并不很多。所以兼业农民的文化程度整体来看与专业农民之间差异不大。调查数据反映,专职从事非农职业的农民的文化程度,明显高于其他两类农民。通过上述比较可以看出,随着改革开放的不断深化,市场经济的不断发展完善,部分文化程度高的、年纪轻的农民纷纷走上非农岗位,成功地进行了职业分化甚至是完全脱离了农业。并且，受教育程度的高低，对农民职业分化的彻底性与稳定性具有非常重要的影响（见表4—11）。

表4—11　　　不同分化类型农民各年龄段受教育程度比较　　　（单位：%）

职业类别与年龄		小学及以下	初中	高中/中专	大专及以上
专职务农	30岁（含）以下	12.9	50.0	19.4	17.7
	30—40岁（含）	16.7	41.7	25.0	16.7
	40—50岁（含）	20.0	58.2	20.0	1.8
	50岁以上	33.3	41.7	25.0	0.0
兼业农民	30岁（含）以下	11.9	26.2	45.2	16.7
	30—40岁（含）	20.0	40.0	30.0	10.0
	40—50岁（含）	22.9	62.9	11.4	2.9
	50岁以上	44.4	33.3	22.2	0.0
专职非农	30岁（含）以下	5.6	37.5	26.4	30.6
	30—40岁（含）	8.3	50.0	25.0	16.7
	40—50岁（含）	15.6	59.4	9.4	15.6
	50岁以上	16.7	33.3	41.7	8.3

调查发现，随着受教育程度的提高，农民从事农业的比重逐渐下降，而从事政府、事业、工业、专业技术职务和"其他"职业的农民在增多。小学及以下文化程度的农民从事政府、事业工作的极少，主要是一些年龄较长在当地具有一定威望的村干部，而拥有高中以上文化程度的农民从事政府、事业和专业技术职业的明显多于文化程度较低的几个样本组。调查结果证明，受教育程度的提高，不仅有助于农民获得非农职业，还有利于农民职业层次的提升，并且往往对农民的收入也形成正向的影响。这与一些关于农村劳动力流动转移的研究结论相一致（如任国强，2004；王东平，2010）。

文化程度和技能水平越高，越容易得到非农就业机会，越有利于提高个人和家庭收入，这已逐渐被农民自身尤其是分化农民认识到。因此他们对于提高自身受教育水平和参加职业技能培训拥有更高的热情。此外，对于子女的教育，越是分化程度高的农民，重视程度和期望值也越高。当问卷中提到"您对抚养子女的态度"时，有63.3%的全职从事非农职业的农民选择了"一定要设法上大学"和"若不能上大学，一定让孩子学到一门技术"，所占比例比兼业农民和未分化农民分别高9.7个和18.6个百分点。此外，调查显示，随着职业分化程度的提高，农民对于子女抚养和教育的支出意愿也越高。很多彻底分化的农民，长期离家在城镇中工作和生活，其子女的教育成本也随之增加，但不能否认的是，这类农民往往比务农者具备更强的经济实力。

随着农民受教育水平的提高，我国工业化才能进入更高的层次、城市化才能得到进一步推进、农业现代化才能有新型的经营主体来完成，信息化和科学化才能得到实现和普及，现代化才能早日实现。而事实证明，农民的职业分化从农民个体对于自身教育和培训、子女抚养教育的观念和教育成本的支付能力等各方面，对农村教育起到了促进作用。

2. 农民职业分化与农民观念与决策的变化

职业分化后的农民，不仅对教育方面的认识产生了变化，还在诸如对生育的意愿与决策、进入城市生活的意愿、发展现代农业的意愿，以及对未来生活的计划和期望、乡村建设和文明的期望等各方面，都发生了改变。

（1）关于生育率与城市化

现代经济发展历史证明，人口城市化是城市化过程的关键因素，而城市化的实质是由工业化带来的农村人口向城市人口的迁移。许多研究证实，人口由农村向城市迁移不仅与经济发展水平和城乡收入差距等社会经济发展条件有关[1]，也与人口出生率和死亡率的转变有关[2]。然而，当前中国的城市化在推进过程中出现一个人口怪圈，即越是拒斥农村人口真正成为城市人口，延迟城市化进程，就越会使人口总量尤其是农村人口总量增加过快。农村人口越多越是增加城市化的难度，从而更进一

---

[1] Song S., "Rural-urban migration and urbanization in China: Evidence from time-series and cross-section analyses," *China Economic Review*, Vol. 14, No. 3, 2003, pp. 386–400.

[2] 赵红军：《交易效率、城市化与经济发展》，上海人民出版社2005年版。

步地使人们从观念上、政策上拒绝和阻止人口的城市化转移,形成恶性循环①。

事实上,农民进行职业分化,尤其是长期进入城市工作和生活,有助于解决农村人口过度增长。根据莱宾斯坦的成本效用理论,夫妇生育子女也具有效用和成本,同时,与其他家庭消费行为一样,生育行为的目的也是效益最大化。一般而言,随着家庭收入的增加,对所有商品的需求也会增加,其中包括对子女的需求,即"收入效应",但同时收入增加也意味着生育子女的机会成本提高了,也即相对于其他商品来说,孩子这种"商品"的相对价格上升了。根据消费者行为理论,理性的父母在这种情况下会减少对孩子的需求,增加对其他商品的消费,这就是"替代效应"。收入效应和替代效应两相抵消的结果,就有可能会减少对孩子的需求,这取决于孩子与其他商品的相对价格。莱宾斯坦得出结论,随社会经济发展,对于大多数家庭来说,每户人均收入的提高,家庭期望的孩子人数减少。这符合当前我国农村的情况。一般来说,在农地经营规模差异不大的情况下,家庭中有劳动力进行职业分化,必定会提高家庭收入;如果该劳动力甚至是其家庭进入城市工作及生活后,一方面其思想观念会潜移默化地受到城市居民观念的影响,从而多生育子女的愿望发生下降,更重要的一方面是,城镇的生活和教育成本增加,以及因为哺育子女而不得不放弃工作机会而带来的机会成本,导致分化农民由于"替代效应"而更倾向于少生子女。对河北省农民的调研数据证实了这一论点。根据调查,虽然无论职业分化情况如何,多数农民期望要两个小孩,但差异还是较为明显的。未分化农民中期望只要一个小孩的只有1%,兼业农民为2.1%,而完全分化者达到了30.6%;期望要3个及以上孩子的受访者比例相反,未分化农民达到7.8%,兼业农民3.4%,而完全分化的农民只有1.8%。可见,农民的职业分化有助于降低农民对于生育子女的意愿和决策,从而有利于改善城乡不平衡的生育率状况,提高城市化的速度与质量。

总体来讲,分化农民的进城愿望较之未分化农民更为强烈。尤其是那些已经进入城镇工作,又有稳定收入的农民,往往更希望能够进入城

---

① 赫广义:《城市化进程中的农民工问题》,中国社会科学出版社2007年版。

市生活。但由于城乡分割的户籍制度以及相关的各项福利等政策、城市相对较高的生活和教育成本,以及生活环境和人际网络,加之农民不愿失去在村中承包的土地等各种原因,很多农民表示愿意到城市生活,但并不愿意变成城市户口。这种情况与20世纪具有一定的差别。随着土地开发政策、农村人居环境的改善和医疗、教育等条件的提高,越来越多的农民并不再像以前一样期待城镇户口。

(2) 关于农业经营的意愿与行为

在调查中,那些兼业或专职务农的农民当被问到"您在农业生产中的困难是什么"时,很多人选择了"缺乏农业科技知识和技能"以及"缺乏资金"。这与当前我国广大农村地区农户田地主要由老人和妇女经营的现状相吻合。当前在农村,文化水平相对较高、具有一定职业技能的农民多数已分化,完全或主要从事非农产业,剩下经营家庭耕地的,主要为家中的老人和妇女,或是那些文化素质较低、缺乏专业技能的人。当被问到"您在农业生产中遇到困难时如何解决"时,选择频率从高到低的选项依次是"亲戚朋友帮忙"、"租用机器"、"自己干"和"雇工"等。选择"找技术人员"或是"换工"的较少,这证明农民在农业生产中科学技术的应用比重还不太高,并且农户间的制度化合作较少,组织化程度低。毋庸置疑,上述情况对于现代农业的发展产生了不利的影响。

在所有受访农民中,当被问到"如果从事农业的收入大于或等于从事其他行业的收入,您愿意从事农业吗"时,仅有31.1%的人表示不愿意,这表示当前农民离开农业多数是因为农业的经济效益差,经营收入比从事二、三产业相对较低引起的。如果能够提高农业的比较收益,很多农民,包括那些具有一定知识和技能的农民,是愿意从事农业的。此外,有大约12%的农民表示今后打算自己承包大量土地,科学种田,还有11.7%的农民计划搞专业养殖。其中有一些通过职业分化从其他职业中获得一些资金积累,从而希望依靠这些资本经营规模农业。可见,职业分化有助于那些希望从事现代农业的农民进行资本积累。同时,一些农民已经具备了规模经营、科学种植的意识,而且按照调查的结果并实现的话,大部分农民通过职业分化从农业中脱离出来进入二、三产业。只有10%—30%的农民从事农业,应该能够达到农业经营的专业化和规模化，发展现代农业，实现农业现代化，不会是空谈。

（3）关于对工作、生活和乡村建设的期望

调查发现，兼业农民和未分化农民的职业满意度相差不大，感到"非常满意"的只有很少数，感到"很不满意"的也很少，多数集中在"基本满意"和"比较不满意"两类；完全分化者的职业满意度则明显高于其他两组，感到"非常满意"的达到14.3%，感到"非常不满意"的基本没有，多数集中在"比较满意"和"基本满意"档次。生活满意度情况稍好一些，无论职业分化程度如何，回答"非常满意"和"比较满意"的农民都多于同组农民对于职业满意度的回答；选择"很不满意"和"比较不满意"的也明显少于他们对于职业满意度的回答；多数农民集中在"基本满意"层次。总体来讲分化程度越高，农民的生活满意度越高，尤其是完全分化的农民，显著高于未分化农民和兼业农民。可见，农民职业分化程度越高，其职业满意度和生活满意度也越高。

当被问到对将来工作的打算时，约1/4的农民表示想发展现未从事的其他产业，24.4%的农民表示想出去打工。其中有一部分人想依靠积累的收入在本乡创业，发展乡村工业。无疑，在鼓励农民工返乡创业的政策条件下，这部分具有回乡创业动机和能力的农民，必将会促进农村工业化战略的实施。而随着不断地有农民外出务工，不仅城市的工业可以得到不断发展，城市化的脚步也不会停止。

很多农民表示，希望能够继续提高个人和家庭收入，改善家庭生活条件和居住条件，并期望当地的生活条件、医疗条件和教育条件能够得到提高。事实证明，新农村建设不仅需要政府的投入，还需要农民自身经济能力的提高以及精神文明素质的提高。职业分化不仅提高了农民的收入水平，还在农民从事非农职业和进入城市工作、生活的过程中，逐渐促进了农民精神文明意识的提高。此外，调查显示，很多农民进入附近小城镇或乡镇从事非农职业，或是在本地创造职业机会，长此以往，一定数量的乡村聚居点在条件成熟时就会发展成为城市，乡村都市化形成了。而根据学者的研究，乡村都市化具有诸多的优势：降低农民住房成本、保留耕地使农民享受家庭农业的保障性质、对于失业—就业转换中的就业农民保留土地的保障功能。

总之，调查资料和统计数据都表明，农民进行职业分化是整个社会从农村社会转向城市社会、从传统的乡村农业社会过渡到工业社会、从农户的小农经济转向现代大农业经营、提高农村物质生活水平和乡风文明建设的直接推动力。

第五章

农民职业分化动机与能力分析

根据期望收入理论和新劳动迁移理论,作为理性"经济人"的农民会产生对自身当前生活的不满足感和进行职业分化的愿望,当环境和自身条件允许的情况下,这种需要和愿望会变成职业分化的动机。

无论学者如何划分和界定农民职业分化的职业类型,但目前多数学者对于农民职业分化的选择的研究,都是从农民在不同行业就业的选择。由于本书试图通过对农民职业分化的观察,了解农民职业分化的选择与现代化进程之间的关系,找出促进现代化建设的农民职业分化的方向,因此,本书着重从农民的专业化程度以及流动与迁移两个角度去考察农民职业分化的个体动机与能力差异。

在农民职业分化的大潮中,为什么有的农民选择兼业、有的农民选择专门从事非农职业,而有的农民仍然留在农业中?同时,面对农村劳动力流动转移成为一种普遍现象,为什么分化的农民有的选择留守农村、有的选择在城乡之间流动,而有的彻底向城镇迁移?他们做出不同职业分化行为的个体动机是什么?而具备什么样的能力有助于其分化?本书通过实地调研和考察,利用调查数据,对各类农民在个体特征和家庭特征等方面进行比较,以求找出其规律和特点。

第一节 专业务农、专职非农与兼业

按照农民职业分化后的专业化程度,我们把农民分成专业农民、专业从事非农职业的农民、兼业农民三种类型。对这三类农民在以下方面进行对比分析。

一 个体特征比较

（一）性别差异

1. 不同性别农民职业分化程度差异

根据调查数据统计，男性和女性在职业分化的数量上存在差别。男性农民从事非农职业的人数为620人，分化比例达57.5%，其中兼业农民为248人，占全部被调查男性样本的23%；女性农民从事非农职业的人数为198人，分化比例达44.5%，其中兼业农民为64人，占全部被调查女性样本的14.5%（见表5—1）。可见，总体来讲，男性职业分化程度高于女性；女性专职务农比例相对较高，但分化程度也具有一定的规模；在兼业方面，也是男性更为明显。可见，要想进一步促进农民职业分化，可以一方面促进男性农民进一步分化，另一方面也不可忽视提高女性的非农就业率。

表5—1 不同性别农民职业分化情况

	男性（共1078人）		女性（共440人）		合计（共1518人）	
	人数	比例（%）	人数	比例（%）	人数	比例（%）
专业农民	458	42.5	244	55.5	702	46.2
专职非农	372	34.5	132	30	504	33.2
兼业农民	248	23	64	14.5	312	20.6

根据调查和访谈，了解到女性农民职业分化率较低的原因主要有以下几个方面：（1）要从事农业；（2）照顾家里的儿童、老人等；（3）没有文化，缺乏技术；（4）不知道如何找工作；等等。这些原因反映出当前农民职业分化的一些现实问题：一是农村男性劳动力从事非农职业带来的农业生产损失和家务劳动力的缺乏等机会成本，主要由农村妇女来弥补；二是相对男性农民来说，农村妇女文化和技术水平欠缺的问题更为严重；三是传统观念和相对封闭落后的思想意识在农民尤其是女性农民中依然存在，对其职业分化具有一定的影响。

2. 不同性别农民职业分化类别差异

在非农就业的职业类别上，性别差异也较为明显。男性从事工业（主要是制造业）的工人为352人，建筑业工人148人，服务业服务人员（美容、美发、餐饮、司机等）56人，乡村干部以及专业技术工作（村干部、教师、医生、工程师等）56人，个体经营38人；女性从事工业（主要是制造业）的工人为76人，建筑业工人30人，服务业（美容、美发、餐饮、司机等）66人，政府和事业以及专业技术工作（村干部、政府事业工作人员、教师、医生、工程师等）32人，个体经营4人（见图5—1）。

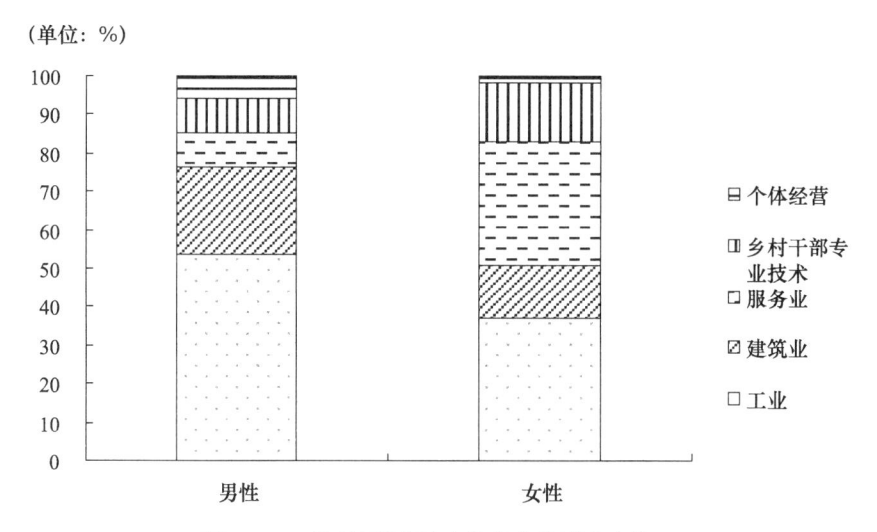

图5—1 不同性别农民分化职业类别分布情况

可以看出，从事非农职业的农民中，在工业和建筑业就业的男性均多于女性，同时此两类就业为占男性职业分化的主体；女性从事服务业的明显多于男性，就职政府和事业单位以及从事专业技术职务的女性也较男性偏多。

（二）年龄差异

1. 不同年龄农民职业分化程度差异

不同年龄段的农民职业分化程度存在区别。

调查结果显示，随着年龄的增长，分化人数在该年龄段总人口中所占比例逐渐下降,也即年龄与分化程度成反比。这种现象说明,随着时代的进步与社会的发展,新生代农民走出农村、走出农业的愿望更加强烈,农民职业分化的趋势也将越来越明显。

各年龄段分化的农民兼业情况差别不太明显,均在 20%—30% 左右(见表 5—2)。

表 5—2　　　　　不同年龄段农民职业分化人数和比例　　　(单位:人,%)

年龄组	总人数	分化人数	分化者占该组人数的比例	其中兼业者占该组人数的比例
30 岁(含)以下	292	208	71.2	25.8
30—40 岁(含)	136	92	67.6	19.1
40—50 岁(含)	768	402	52.3	26.7
50 岁以上	322	122	37.9	18.7

2. 不同年龄农民职业分化类型差异

根据调查数据(见表 5—3)可以看出,总体上各年龄段从事分化职业类别人数从多到少基本遵循工业、建筑业、服务业、政府事业和专业技术职务等,但在每个行业类别上又存在一定的差异。30 岁以下的年轻人主要集中在工业、服务业和建筑业;从事工业和建筑业的比例随着年龄的增加先增加后减少,30—40 岁年龄段的农民从事工业的比例最高;随着年龄的增加,从事服务业的比例逐渐减少,而从事乡村干部和专业技术工作的比例逐渐增加;40—50 岁的农民从事个体经营的比例最高。

究其原因,应是青、壮年适合从事工业和建筑业,尤其是建筑业最为明显,多为 40 岁以下的青壮年劳动力;年轻人向服务业分化的倾向最为明显,而许多初级的服务业岗位也需求大量的年轻劳动力;年龄相对较大者从事乡村干部和专业技术职业的机会可能相对较多;40—50 岁的农民相对具有较高的资本积累和一定的经营能力和人际关系网络,故而从事个体经营者最多。

表 5—3　　　　不同年龄段农民职业分化类别及比例　　　（单位:%）

年龄组	工业工人	建筑业工人	服务业一般服务人员	乡村干部、专业技术职业	个体经营	其他
30 岁（含）以下	29.7	24.8	22.8	6.9	2.8	13.1
30—40 岁（含）	53.2	25.5	14.9	6.4	0.0	0.0
40—50 岁（含）	40.2	19.2	13.2	7.8	7.1	12.5
50 岁以上	41.0	19.3	3.6	12.0	1.2	22.9

（三）不同受教育程度农民职业分化情况对比

1. 不同受教育程度农民职业分化和兼业程度比较

调查数据显示（见图 5—2），文化程度不同的农民在总体职业分化程度和兼业化的程度上存在明显的差别。

首先，随着受教育年限的增加，农民职业分化的比例也在提高。小学及以下文化程度的农民分化比例仅在 40% 左右；拥有初中或高中文化的农民分化比例在 50%—60%；拥有大专或以上文化的农民分化比例约 70%。主要原因是，农民文化素质越高，则其就业技能越高，就业机会也就越多，分化的比率和成功率也就越高；反之，农民的文化素质越低，则其技能越低，可供选择的就业空间也越小，并且在向非农产业分化的过程中面临的障碍和困难也越多，从而其分化比率和成功率也越低。

其次，随着农民文化程度的提高，兼业者的比例在下降。小学及以下文化程度的农民兼业者占该组分化农民的 60% 以上，拥有初中文化的农民兼业者的比例降到了 50% 以下，高中以及大专以上农民组的兼业者在分化者中所占比重分别为 29% 和 12.7%，在该组中所占比例分别仅为 16.9% 和 8.7%，这个数字与该组很高的分化比例形成了鲜明的对比。究其原因，主要为：受教育程度较低的农民，往往缺乏较高的职业技能，非农就业的职业层次一般较低，职业稳定性也相对较差，因而其兼业率较高；随着农民文化素质的提高，其学历和专业技能不断提升，因而其非农就业的层次和稳定性也增加，从而其有更多的机会稳定在某一行业或职位工作，而且随着文化素质的提高，可能其不断深化和发展自身职业生涯的意愿也更强烈，从而其兼业水平会明显下降。

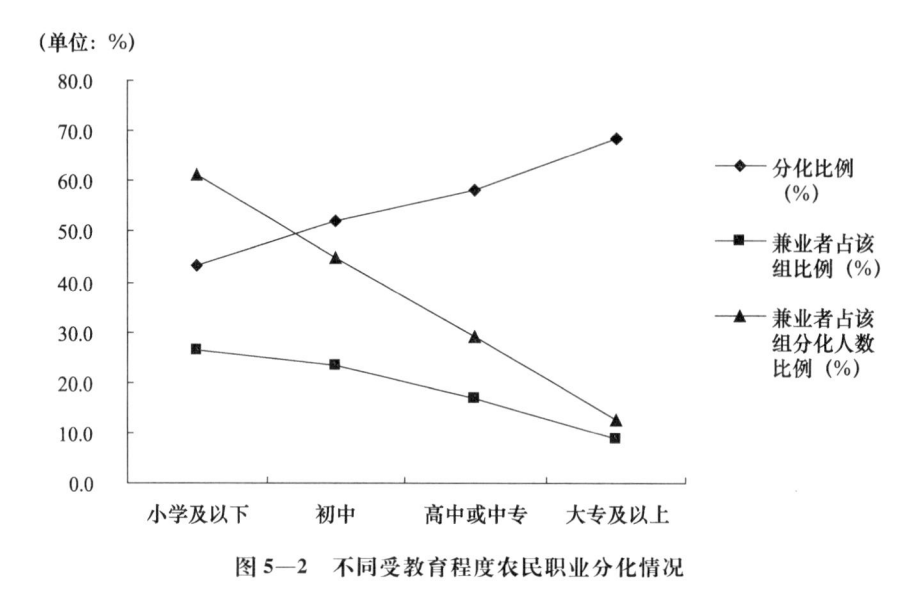

(单位:%)

图 5—2 不同受教育程度农民职业分化情况

2. 不同受教育程度农民职业分化类别比较

从图 5—3 可以看出,随着受教育程度的提高,农民从事农业的比重逐渐下降,而从事乡村干部、专业技术职务和"其他"行业的比重在增加。小学及以下文化程度的人主要从事农业、工业和建筑业,这应与传统农业、简单制造业与建筑业相对技术含量低、是典型的体力劳动相关。小学以上文化程度的人开始从事多种非农职业,且务农比例越来越低,这说明随着文化程度的提高,农民职业分化程度也在提高。中学文化程度的农民从事工业和服务业的比例相对最高,大专以上又开始减少,说明中等文化程度的人相对较多从事工业和服务业,他们能够满足工业和服务业的一些基本的文化和技能要求,而学历较高的农民更多地分化到乡村干部、专业技术职业和其他对文化和技能要求相对较高的职业当中去,该现象符合当前各行业对从业人员受教育水平要求及就业者择业的现状。此外,具有初中和大专以上受教育水平的农民从事个体经营较多。根据调查,具有初中文化的被调查者多为中年农民,他们往往拥有较为丰富的资金、经验、人际网络等资源,因此相对较多从事个体经营,这与年龄差异的比较研究相一致;而拥有大专以上文化程度的农民，因其受过高等教育，因此，在思想观念、创业意识、文化水平、综合能力等方面具有得天独厚的优势，加之政府对大学生创业和返乡农民工创业的一系列优惠政策的扶持，这部分人创业的比例相对较高，从而从事个体经营的比例也较之其他文化程度群组的农民要高一些。

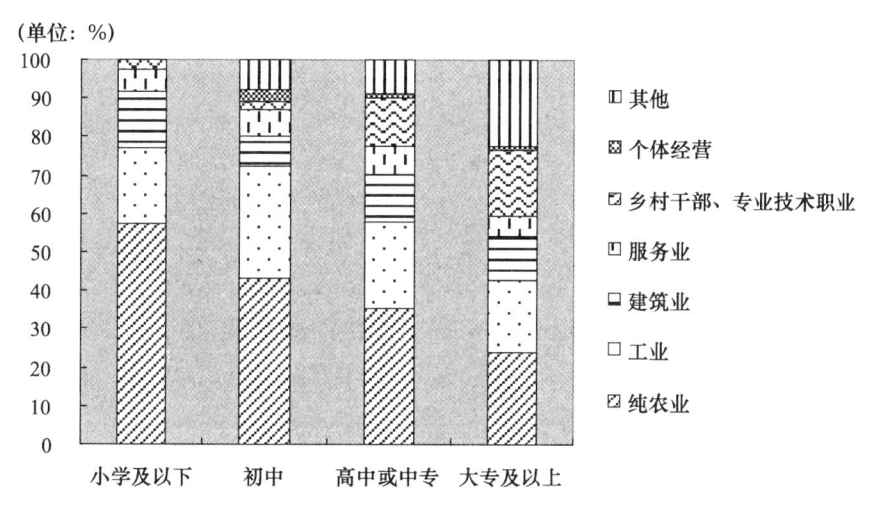

图5—3 不同受教育程度农民职业分化类别比较

（四）不同婚姻状况农民职业分化情况比较

许多研究证明，婚姻状况对于农民的就业择业具有非常显著的影响，是影响农民职业分化的自身因素的重要变量。在此次调查中，单身者仅有78人未从农业中分化出来，不到单身组的1/3，多数单身农民实现了职业分化；已婚者未从农业中分离出来的人有612人，约占已婚被访者总数的1/2。由此可以看出，未婚农民职业分化程度明显高于已婚农民。从图5—4中可以很清楚地对比单身农民与已婚农民的职业分化和兼业情况：单身农民分化比例明显高于已婚农民，但单身者兼业比例却低于已婚农民。

究其原因，主要是：已婚者是家庭的主要劳动力、肩负着家庭责任，不仅目前多数家庭均保留着的农田需要其经营，而且家庭成员的日常生活往往也成为其外出工作的阻碍，对于农村妇女来说尤为如此。相比之下，单身农民较之已婚农民在职业选择上就更为自由，因此未婚者更加倾向于选择非农就业。关于兼业，亦是如此。由于单身者职业分化所需考虑的因素和问题较少，相对自由，因此他们更多地选择长期从事非农职业，而更多在家务农、不便离开家庭的已婚者，由于非农就业不充分，加之对于生计的考虑，可能更多地会就近寻找一些便利机会从事一些非农职业，因而兼业情况较多。在调查中，就有很多已婚农民反映其主要收入来源除了务农外就是"打零工"。

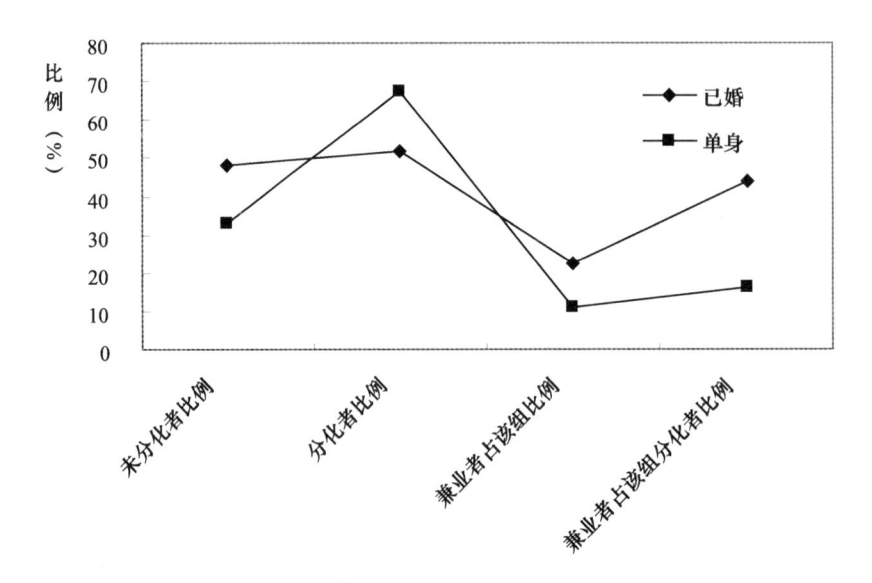

图5—4 不同婚姻状况农民职业分化情况对比

二 家庭特征比较

（一）家庭耕地面积不同的农民职业分化情况比较

农民的家庭耕地面积与农民职业分化的比例存在负相关关系。当农民家庭耕地面积在5亩以下时，分化的农民占该组农民的56.2%；当农民的家庭耕地面积在5—10亩时，分化的农民比重略有下降，为52.8%；当农民的家庭耕地面积为10—20亩时，分化比例继续下降至51.1%；而当农民家庭耕地面积上升到20亩以上后，分化比例明显下降，只有37.5%。（见表5—4）这一现象完全符合一般的认知，即耕地越多，需要投入的劳动越多，于是从事非农职业的倾向和选择就越少。

然而，值得注意的是，虽然农民的职业分化比例随着其家庭耕地面积的上升而逐渐下降，但农民的兼业情况却不是如此。根据调查数据反映，样本农民家庭耕地面积分别为≤5亩、5—10亩、10—20亩、20亩以上的兼业者占各组总人数的比例分别为20.4%、21.6%、24.5%和6.3%，兼业者占各组职业分化者的比例分别为36.2%、40.9%、47.9%和16.7%。这两个比例数字的趋势都是一样的，均为先是随着家庭耕地面积的上升而上升，然后到家庭耕地面积超过20亩以后急剧下降。根据调查，发现这种现象的原因是：当家庭耕地面积很小时，需要的务农劳动力和时间都很少，因此多数农民可以完全将农活放下，单一从事非农职业；随着家庭耕地面积的增大，单靠家中的妇女或老人经营耕地，或是完全依靠下班时间务农，可行性逐渐减小，但此时的耕地规模所需要的务农时间又不足够多，也不足以提供全家的经济来源，因此很多家庭劳动力就需要既务农，又从事其他职业，也即兼业；当家庭的耕地面积具有一定规模时，根据调查，也即超过20亩以后，就需要充分的务农劳动力和务农时间，而且其经营收益也明显增大，此种情况下，该家庭的农民就需要全职务农，搞规模农业经营，因此兼业者明显减少。

表5—4　　　　不同家庭耕地面积农民的职业分化情况比较

家庭耕地面积（亩）	总人数	未分化人数	分化人数	分化比例（%）	兼业人数	兼业者占该组比例（%）	兼业者占该组分化者比例（%）
≤5亩	918	402	516	56.2	187	20.4	36.2
5—10亩（含）	458	216	242	52.8	99	21.6	40.9
10—20亩（含）	94	46	48	51.1	23	24.5	47.9
20亩以上	48	30	18	37.5	3	6.3	16.7

（二）家庭劳动力人数差异

根据调查统计（见表5—5），随着家庭劳动力人数增加，农民职业分化比例分别为40.7%、52.4%、62.4%和63.2%。以此看来，随着家庭劳动力人数的增加，农民职业分化的比例也在略有增加，也即二者呈正相关的关系。换个角度说，职业分化的农民更多出现在家庭人数较多的家庭。

然而，农民的兼业比例与其家庭劳动力数量之间并未呈现出简单的线性关系，而是先下降，后上升，然后再下降。随着家庭劳动力人数的增加，兼业者占该组职业分化农民的比例分别为 47.3%、36.0%、43.7% 和 34.5%。

表5—5　　　　家庭劳动力人数与农民职业分化情况比较　　（单位：人,%）

家庭劳动力人数	该组总人数	未分化人数	分化人数	分化比例	兼业人数	兼业者占该组比例	兼业者占该组分化者比例
1	182	108	74	40.7	35	19.2	47.3
2	832	396	436	52.4	157	18.9	36
3	330	124	206	62.4	90	27.3	43.7
≥4	174	64	110	63.2	38	21.8	34.5

为了初步了解与验证农民家庭劳动力人数与其职业分化类别和程度之间是否存在相关关系，本书采用卡方检验方法对其进行判别，得到结果：Chi-square 值 63.189，df 值 1，Asymptotic significant 值 0.011。根据卡方检验的统计结果，渐进显著性水平大于 5%，证明农民家庭劳动力数量对农民的职业分化类别选择并无显著性影响。

（三）家中儿童数量不同与农民职业分化

为了简便起见，本研究将 7 岁以下学龄前儿童和农户在学子女合并为"家庭儿童"，代表农民家中需要照顾的子女，将这两项数据合并为一项，将此数字与农民职业分化以及兼业情况进行比较，来对比职业分化情况不同的农民其家庭需要照料子女数量的差别，望能揭示出二者之间是否存在一定的联系。

调查结果显示，家庭儿童数不同的农民职业分化情况差别并不明显，都在 50%—60%。其中只是家庭儿童数为 1 时农民分化比例略微显高，接近 60%。其原因应是有一名儿童的家庭主要劳动力多为 30 岁左右的年轻夫妇，从个体角度来看，他们的年龄非常符合用工单位对劳动力的需求，而此时其家庭相对稳定，生活走入正轨，同时出于解决生计和提高家庭收入的考虑,加之此时孩子多由老人照看不影响家中劳动力从事非农职业,因此,这种情况下农民职业分化比例稍高一些。

然而,从分化农民的非农职业就业时间来看,家中儿童数量越多,分化农民越倾向于一年中几个月的短期就职,也就是说家庭儿童数量越多,兼业比例也越高。这是因为家中需要照料的儿童越多,农民越是难以完全脱离家庭去从事非农职业,他们只能在家一边照料孩子,一边务农,在农闲时去做一些非农工作来增加收入补贴家用。因此在图5—5中,分化农民兼业比例随着家庭儿童数量的上升出现上升趋势。

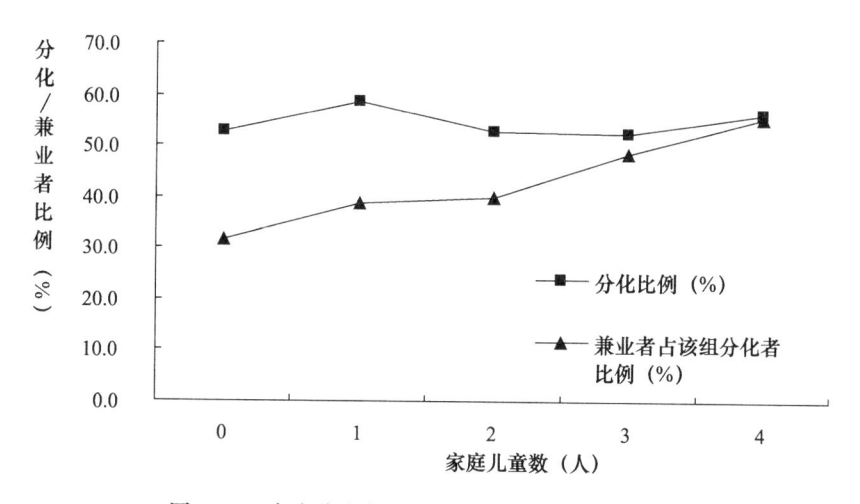

图5—5 家庭儿童数不同的农民职业分化情况对比

(四)家中老人数量不同与农民职业分化

如图5—6显示,家庭老人数不同的农民职业分化比例大致相似,但兼业比例具有一定差异。家中没有老人,农民兼业比例最低,这是由于没有老人需要照料的农民具有更多外出从事非农职业的自由;家中有一名老人,农民的兼业比例最高,为43.2%。根据调查计算,这一来是由于此类调查样本家中老人的平均年龄较大,因此需要家庭劳动力的照顾,因此对其非农就业时间和地点进行了制约,而家庭老人数量为2人的样本,其家中老人平均年龄低于家庭老人数为1人的样本组,这些老人不仅不用专人照顾，甚至还能帮助子女照看后代、料理家务，因此很多家庭老人不仅不会限制子女非农就业，甚至对其还有一定推动作用；第二个原因是家中有两个老人他们往往可以彼此照顾，因此对于子女非农就业影响相对要小。可见，家中老人的数量和年龄及身体状况对农民的职业分化和兼业都形成一定的影响，也即农民职业分化的选择据其家庭老人的数量、年龄和身体状况不同而有所不同。

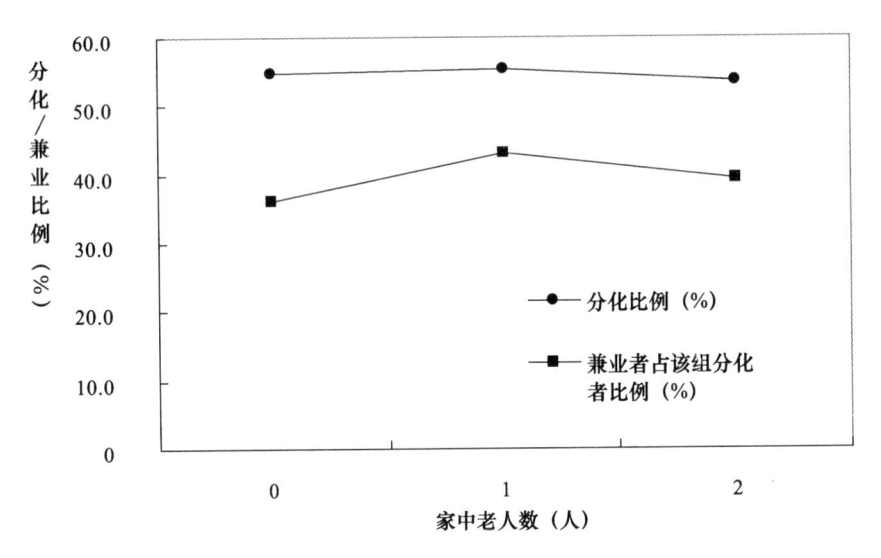

图5—6 家庭老人数量不同的农民职业分化情况比较

第二节 进城还是留乡

为了研究农民职业分化是否受到城镇化的影响，以及二者之间有何种关系，我们分别从其个体特征、家庭特征、就业特征和生活状况等几个方面进行对比研究，探索农民进城决策的差异。

一 个体特征比较

从性别来看：女性留守农村的比例为68.4%，明显多于男性的44.4%；无论是男性还是女性，如果离开农村求职务工，多数仍在国内，且总体来讲去小城镇的多于去大城市的，男女被访者这两个比例分别相差10个百分点左右。(见图5—7)分化的农民去小城镇就业相对最多,最主要的原因一是因为离家相对较近,在无法举家迁移进城的情况下方便生活和照顾家庭,同时也照顾到了很多农民不愿意离开家乡的传统观念与情感;二是由于近年来县域经济的发展和一些小城镇的大力建设,带动了经济的发展,也大大增加了对劳动力的需求,为农民就业非农产业提供了很多就业机会。但值得注意的是,从调查统计数字来看,已分化的农民中,在城镇工作的男性为58.9%,在城镇工作的女性为61.2%,这说明,非农就业的城乡区域选择性别差异并不明显,也即,分化的女性农民,在进城就业方面,与男性农民并无明显差异。

可见,要想促进农民职业分化,提高城镇化,在推行一些具有普适性的政策措施以外,还应重点制定一些政策和办法促进女性农民的转移就业;小城镇在吸纳农村剩余劳动力、促进农民分化方面的作用高于大城市,因此为促进农民职业分化,应重点培育建设小城镇,尤其是有特色产业、可吸纳大量农村劳动力的小城镇。

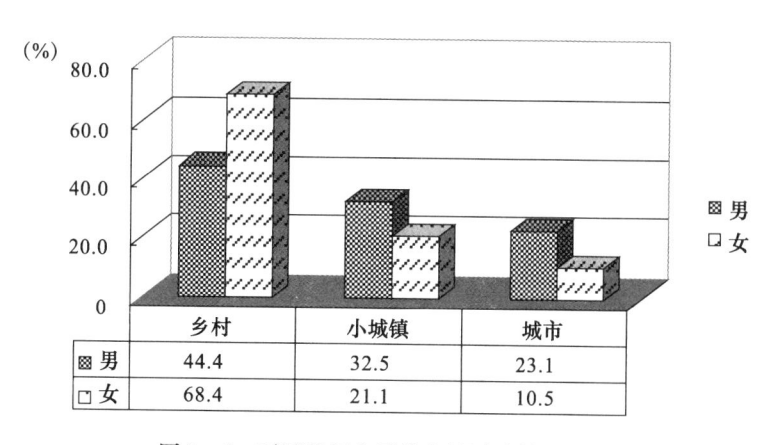

	乡村	小城镇	城市
男	44.4	32.5	23.1
女	68.4	21.1	10.5

图5—7 不同性别农民就业地区选择的差异

从年龄上来看(见图5—8):20岁以下的年轻人就业的首选是城市,这与年轻人思想相对开放、勇于闯荡,且尚未成家没有后顾之忧有关;20—30岁的农民就业地区分布相对较为均衡,在城市和乡村就业的相对稍多,主要原因应是该年龄的农民多开始谈婚论嫁,或是开始生育子女,因此很多留在了农村,还有一些刚刚组建家庭,其中很多还尚无子女,他们或是留在乡里,或是夫妇一起进城务工;30—40岁在小城镇就业的农民明显为该组的主体,这是因为该阶段的农民正值精力旺盛时期,同时又肩负家庭的经济任务,因此多数选择职业分化,但由于多数家庭无法迁移进入城镇,所以他们选择在离家较近的小城镇就业;年龄在40岁以上的中老年农民,由于其年纪相对较大、体力相对较差、文化水平和技能水平相对较低,传统观念相对较强,因此不仅进行职业分化的比例较低,而且在就业地区的选择上,从多到少依次是乡村、小城镇、城市。

由此可见,年轻的农民向城镇迁移就业的意愿较强,尤其是向城市转移倾向明显;小城镇在促进农民职业分化、吸纳农村富余劳动力方面具有举足轻重的作用,对于三四十岁的壮年农村劳动力尤为如此。

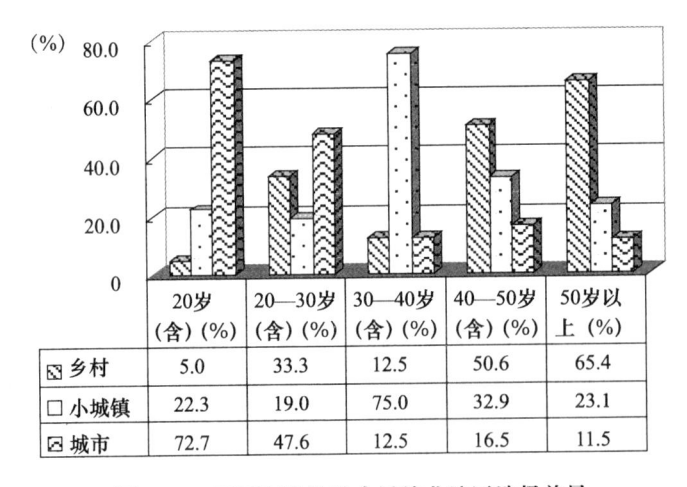

	20岁(含)(%)	20—30岁(含)(%)	30—40岁(含)(%)	40—50岁(含)(%)	50岁以上(%)
乡村	5.0	33.3	12.5	50.6	65.4
小城镇	22.3	19.0	75.0	32.9	23.1
城市	72.7	47.6	12.5	16.5	11.5

图 5—8 不同年龄阶段农民就业地区选择差异

从受教育程度来看(如图5—9所示):小学及小学以下文化程度的农民工作地点在乡村的比例非常高,达到60%以上;随着受教育年限的增加,被访农民在乡村工作的比例逐渐下降,到城镇工作的比例逐渐增加。同时需要注意到的是,拥有高等学历的人在小城镇就业的出现增多趋势,这也与近年来小城镇的快速发展以及大学生在城市就业难问题的出现相符合。

总体来讲，可以看出，农民受教育程度的提高利于其向城镇分化；小城镇在各种受教育程度农民的就业中都占据相当的比例；学历较高的农民职业分化的地区在城市与小城镇中分布较为均衡，应有利于小城镇的发展和新农村建设。

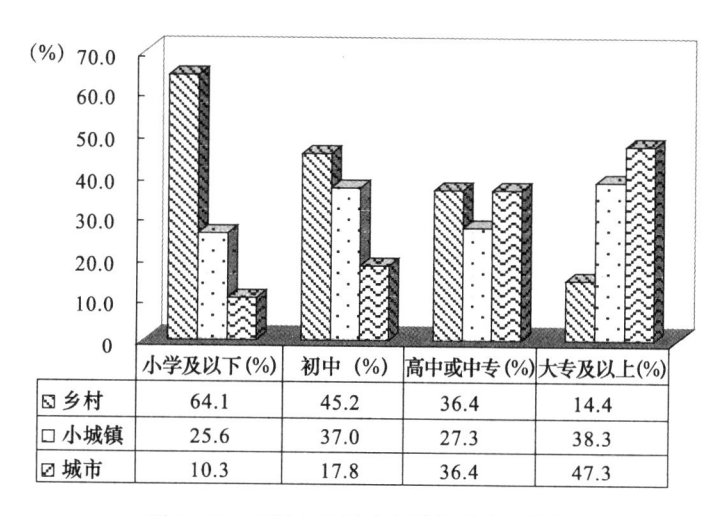

	小学及以下(%)	初中(%)	高中或中专(%)	大专及以上(%)
乡村	64.1	45.2	36.4	14.4
小城镇	25.6	37.0	27.3	38.3
城市	10.3	17.8	36.4	47.3

图5—9 不同文化程度农民就业地区差异

从婚姻状况来看：已婚被访者中，近一半留在乡村，超过三分之一进入小城镇，只有16.1%到城市工作；单身农民中，按照人数比例从多到少，依次是城市、乡村和小城镇，且去小城镇工作的单身农民只占所有被访单身农民的16.7%（见图5—10）。究其原因，主要与其婚姻状况和家庭生活有关。已婚者为了能够照顾家庭，往往不能到离家太远的地方工作，因此在本村和附近县城就业的较多，去城市工作的农民中，有的是到较远的地区，如上海、宁波等地，更多的是因居住地具有毗邻北京、天津、石家庄等大城市的地理优势而就近务工。相比较而言，单身农民较少有后顾之忧，其中多数是未婚的年轻人，他们往往对生活和工作有更多的向往和追求，因此较多人倾向到大城市求职，还有一些到了适龄，在本地就业为谈婚论嫁做准备。因此，单身农民到小城镇就业的比例最低。还有一个不得不提的现象，就是单身农民多为

"90后",这代农民与他们的父辈、祖辈相比对生活质量的要求更高,而对于工作的薪水、环境、条件等要求也更加苛刻,所以,他们其中很多人宁可留在乡村也不愿到小城镇去。

然而,在乡村与城镇之间,已分化的农民在婚姻特征上并不具有明显差异。

由此可见,要想促进农民到城镇中去从事非农职业,重点应推动单身农民的转移;推动已婚农民职业分化,需要解决其家庭顾虑,相对来说就地分化、促进县域经济发展和小城镇建设,更为可行。

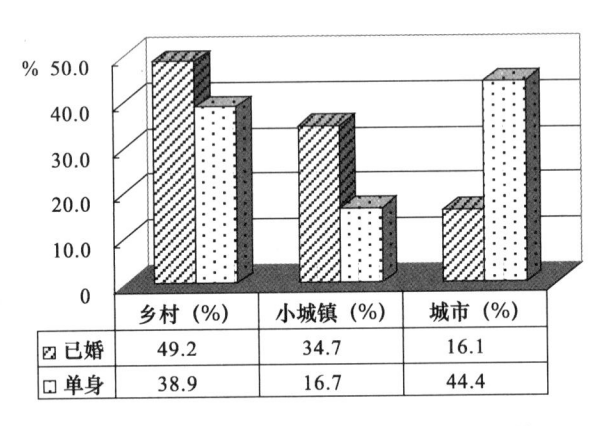

	乡村(%)	小城镇(%)	城市(%)
已婚	49.2	34.7	16.1
单身	38.9	16.7	44.4

图5—10 婚姻状况不同的农民就业地区比较

二 家庭特征比较

根据调查统计(如表5—6所示),就业地区不同的农民其家庭特征也具有一定的差异。

到城市工作的农民的家庭人口数量略多于在小城镇和乡村工作的农民,但在家庭劳动力数量上,乡村与城镇之间不存在非常明显的差异;家庭耕地面积方面的差异也不太明显。在乡村工作的农民无论是家中需要照顾的老人还是儿童,比例都明显较高,在城市工作的农民其家庭需要照顾的老人和儿童数量最少。

表5—6　　　　　　就业地区不同农民家庭特征比较

指标	乡村	小城镇	城市
家庭人口数（人）	4.1	4.4	4.6
家庭劳动力个数（个）	3.2	3.0	3.5
家庭耕地面积（亩）	1.63	1.76	1.42
家庭60岁以上无劳动能力者比重（%）	55.2	26.8	15.6
家庭儿童比重（%）	54.3	42.7	32.4

由此可见，农民分化就业的地区，与其家中需照顾的老人和儿童数量有较大的关系，家庭中需要照顾的老人和儿童越多，农民越倾向于留在本地工作。随着乡村工业和小城镇的发展，农民可以就近在家乡附近的小城镇从事非农职业，大大减少了以前在家庭劳动力等方面的限制。

第六章

农民职业分化行为分析

本章依据组织行为学中的行为动机理论,结合社会分化理论、农村劳动力转移相关理论、人力资本投资理论和产业结构理论等相关经济学理论,采用相关计量经济学方法,对农民职业分化的行为进行分析,并找出影响我国农民职业分化行为决策的关键因素。

从农民个体来看,与经济学和社会学所研究的一般样本一样,农民也是理性的"经济人"。他们会根据自己的个人条件、家庭特征、社区环境以及宏观大制度就不同的职业分化方式和地点做出理性的选择,以期实现自身效用最大化。根据人力资本投资理论和舒尔茨(1975)的观点,农民个人配置能力的大小是直接与其接受的教育程度互相联系的。因此,农民自身的劳动能力对于其职业分化的动机向行为转变具有重大的影响。此外,结合投资组合理论的观点,家庭作为农民决策的微观环境,对于农民职业分化行为的发生也产生重要的影响。基于以上理论,本书将各种相关微观因素纳入农民职业分化行为分析的研究框架。

第一节 农民职业分化行为决策的微观影响因素

一 个体因素与农民职业分化

根据调查分析,农村女性劳动力相对于男性劳动力来说职业分化倾向较低、进城谋职和工作的比例也明显较低。这与中国传统的"男耕女织"的家庭分工不无关系,只不过现在演变为"男工女农"以及"男性工作女性照顾家庭"。同时,在体力和工作意愿等方面的差异,以及当前农民职业分化的多数岗位需求等因素,也对农民职业分化的性别差异产生一定的影响。

处于不同年龄段的农民其分化的彻底程度也不同,同时年轻的农民更倾向于到城市发展,这与国内外相关实证研究的结论也是一致的。根据国家统计局的调查,2004年外出农民工的平均年龄为28.6岁。因为不同年龄阶段的农民家庭负担不同,而随着年龄的增大,人们的流动转移成本会相应增大。相对来说,青年人比老年人更易获得新知识和新技能,而对农村地区的情感也相对较淡,其分化成本低而收益大。所以不同年龄农民分化程度呈波浪线变化,而进城就业倾向与农民年龄呈负向变化。

受教育水平的高低对于农民职业分化的能力和行为具有明显的影响。因为受教育水平可以被看成是一种个体求职的潜在竞争力,受教育水平越高,个体所具备的知识水平、学习能力、生存技能往往也越高,因此受教育水平较高的农民相对来说职业分化的概率越高。同时,随着农民受教育水平的提高,其所求得的非农职业也越稳定,收入也越高,因此其职业分化比例提高而兼业比例下降。在就业地区方面,大量研究证实,文化程度高的农村劳动力比较容易找到工作,收入水平也相对较高,因此比较容易实现由农村向城市的转移或迁移[1]。根据国家统计局的调查,2005年,在外出务工的农村劳动力中,文盲占1.7%,小学文化程度占14.8%,初中文化程度占67.3%,高中文化程度占10.7%,中专及以上文化程度占5.5%[2]。这与本书的调查统计结论基本一致,说明随着文化程度的提高农民职业分化的区域选择越倾向于从农村向城市地区流动,但当农民文化程度提高到较高程度后,进城比例出现一定的回落现象。此外,技能培训是对学校正规教育的重要补充,通过职业技能培训,可以增加农民的职业技能,为其进行职业分化增加人力资本,从而能够促进农民的职业分化。

婚姻对农民的职业分化程度和地区的影响也显而易见。已婚者基于

---

[1] Sjaastad L. A., "The Costs and Returns of Human Migration," *Journal of political Economy*, Vol. 70, No. 5, 1962, pp. 80 – 93.

[2] 王东平:《城市化进程中农村女性劳动力流动转移问题研究》,博士学位论文,河北农业大学,2010年,第27页。

对家庭的考虑，更愿意就近分化，未婚者则无此类顾虑。这种影响对于女性农民尤为明显。因为一般情况下农村女性一旦结婚其家庭角色就会发生变化，承担家务、照看孩子、照顾老人的家庭责任多数落在她们的身上。有研究表明：52.8%的流动就业的农村女性劳动力在结婚后的一年内放弃流动就业，因为生育、照顾子女及老人而婚后放弃流动就业的农村女性劳动力占78.9%[①]。总体上来讲，已婚者相对未婚者分化比率低而兼业比率高、外出务工比例低。

基于以上分析，建立研究假设：

假设一：性别对农民职业分化的程度及区域选择具有影响。

假设二：年龄对农民职业分化的程度及区域选择具有影响。

假设三：受教育程度对农民职业分化的程度及区域选择具有影响。

假设四：婚姻状况对农民职业分化的程度及区域选择具有影响。

我们可用模型表示为：

$$Y_i = f(gen, age, edu, mt, z) \tag{1}$$

式（1）中，gen 表示农民的性别，age 表示农民的年龄，edu 表示农民的文化程度，mt 表示农民的婚姻状况，z 表示影响农民职业分化的其他因素。

二 家庭因素与农民职业分化

农民从农业生产中分离出来，全职或兼职从事非农产业，是农民家庭生产经营活动的一部分，也是农村家庭风险转移的一种方式。农民从事非农职业所得的收入有利于帮助家庭克服资金困难和市场不完善的限制，保障农村家庭生产经营活动的稳定发展和收入、福利最大化。因此，家庭变量对于农民职业分化产生重要影响。根据统计，中国举家外出务工的农村家庭很少，只占农村劳动力的1/5左右，绝大多数外出农村劳动力在家保留有耕地或其他财产，按照家庭为单位考察，兼业是中国农民的主要经营方式。此外，由于农民就业严重不充分，很多农民选择在家乡兼业或在城乡之间流动兼业。无论是哪种情况，多数与其家庭

---

① 王文信、徐云：《农民工就业影响因素分析——对安徽阜阳农村的调查》，《农业经济问题》2008年第1期。

观念和生活有关。因此，家庭因素应作为重要变量纳入农民职业分化决策的模型中。

相反，家庭耕种的土地越多，则其在农业经营中需要的劳动力也越多，因而此类家庭中出现全职务农的农民的概率也越大；反之，农村家庭耕种的土地面积越小，家中的劳动力选择兼业或完全分化，以及外出从事非农职业的可能性也越大。

家庭具有剩余劳动力是农民进行职业分化的条件之一。据调查显示，76%的农村家庭留有土地，也是"家中有粮，心中不慌"的真实写照。虽然当前在各行业中农业的比较利益下降，但是农业收入对农村家庭的总收入依然起着不可或缺的作用，更重要的是土地还承担着对农民的社会保障功能。按照新经济迁移理论，农村劳动力外出务工是一个有内在联系的群体决策，个人外出务工的目的一方面在于增加家庭收入；另一方面则是为了降低农产品市场不完备而造成的风险。同样地，农民进行职业分化，从事非农产业，往往也是基于这样的原因。因此，农民职业分化的决策是对家庭劳动力分工的一种理性安排，农民家庭剩余劳动力越多，则农民进行职业分化的概率也越高，而且分化的彻底性和迁移的可能性也越高。

家庭中如果有需要照看的儿童，而老人身体健康，则农民可以把孩子托付给老人代为照看，去从事非农职业；如果老人身体不好，则农民往往无法脱身从事非农产业，尤其是外出或全职从事非农职业。因此，家庭中需要照顾的子女和老人会降低农民尤其是已婚农民职业分化的概率。

基于以上分析，建立相应假设：

假设五：家庭耕地面积对农民职业分化的程度及区域选择具有影响。

假设六：家庭劳动力数量对农民职业分化的程度及区域选择具有影响。

假设七：家中需要照顾的老人和儿童数量对农民职业分化的程度及区域选择具有影响。

可将式（1）修正为：

$$Y_i = f(gen, age, edu, mt, fl, lab, oldm, offs, z) \qquad (2)$$

式（2）中，*fl* 表示农民家庭耕地面积，*lab* 表示农民家庭劳动力人数，*oldm* 表示农民家中需要照顾的老人数量，*offs* 表示农民家中需要照顾的儿童数量。

三 社区发展因素与农民职业分化

当前我国分化的农民有很大一部分处于兼业状态，这决定了此部分农民的职业分化多数是不稳定的和就近的。农民所在社区如果工业和经济较为发达，则农民会有较多机会从事非农职业，因此社区的工业促进了农民的职业分化。同时，社区能够给农民提供非农就业机会的时候，往往有很多农民选择就近分化，而非外出务工。因此，社区的工业和经济发展情况，不仅影响了本地农民的职业分化程度，而且也对农民就业地区的选择产生一定的影响。此外，社区发展对于农民是否选择外出进城从事非农职业，也是农村发展政策应重点考虑的问题。从经济因素看，主要是因为发展政策可能改变农村社区的生产生活条件、农村劳动力的就业机会、资本短缺状况、基础设施条件、收入分配状况等，进而改变了农民外出分化的比较收入和比较成本，原来外出分化的理由可能也发生了变化。例如，如果一项农业发展政策大大降低了农业生产成本，增加了农业收入，就可能使原来想外出打工的农村劳动力改变主意，安心在家务农。即使比较利益的变化不至于使农民放弃外出，也至少增加了外出打工的机会成本。因此，农村发展政策可通过改变社区的社会经济状况，进而改变农民外出分化的动机达到控制农民向城镇流动转移数量的目的。一般来说，农村发展政策越利于社区发展，或者社区条件越好，农民进城从事非农产业的可能性就越小[①]。

总体来讲，影响农民职业分化决策的社区变量主要有以下三个：

（1）家庭所处地理位置

农民是否进行职业分化，如果分化，是留在本地还是外出进城，往往受到其所居住的环境的影响。前人（陈秀，2008；牟少岩，2008）的研究表明，农民家庭居住位置距离县城的距离是影响农民是否职业分

---

① Findley S. E., *Rural Development and Migration: A Study of Family Choices in the Philippines*, London: Westview Press, 1987.

化的因素之一,在此也纳入考虑。

(2) 社区工业发展水平

在中国农业资源比较均衡的情况下,农村社区工业发展越好,则为农民从事非农产业提供的就业机会就越多,农民职业分化的可能性也就越高,而同时农民就地分化的可能性提高而外出分化的可能性降低。因为在乡村工业发达的地区,农民可以就地实现职业分化,这样既能够进行职业分化,也能够兼顾家庭,因此是很多农民尤其是已婚者的优先选择。本书采用村内企业数量来反映社区工业发展水平。

(3) 社区分化网络

一定的就业信息网络和就业组织服务网络的形成,是劳动力市场正常运行的必要条件,也是其发育成熟的重要标志。本书所谓的就业信息网络和就业组织服务网络一般包括:已分化的亲戚和朋友、劳务中介、当地政府等。今天的中国农村仍然保留着较强的乡土气息,并对农民进行职业分化就业信息的传递方式和组织方式有着极深的影响。这主要表现为农民分化就业信息的来源和谋职主要依靠"血缘"和"地缘"等关系。这种关系对于意图分化的农民来说是一种无形的资源。可以引用迁移网络理论的相关结论,根据该理论,社区以前外出的农村劳动力及其所建立的社会关系对后来农村劳动力流动迁移的可能性产生重要影响[①]。农民进行职业分化,无论是迁移到城镇,还是就地分化,很多情况下与其社会关系有直接的联系。在当前的中国,向农民提供就业信息和服务的中介机构在数量和成熟度方面都还非常不足,农民已习惯性地向其所熟识的已分化者咨询信息、寻求帮助。本书以分化农民是否有亲戚朋友在该单位上班来代表社区分化网络对农民职业分化的影响。

建立相应假设如下:

假设八:农民家庭所处地理位置对农民职业分化的程度及区域选择具有影响。

假设九:社区工业发展水平对农民职业分化的程度及区域选择具有影响。

[①] Bao Q. W., "Rural-Urban Migration and its Impact on Economic Development in China," *Avebury*, Vol. 8, No. 2, 1996, pp. 15 – 17.

假设十：社区分化网络对农民职业分化的程度及区域选择具有影响。

在此，可将上述模型修订为：

$$Y_i = f(gen, age, edu, mt, fl, lab, oldm, offs, loc, ind, ent, z) \tag{3}$$

式（3）中，loc 表示农民家庭所处地理位置，ind 表示农民家庭所处社区工业发展水平，net 表示社区分化网络。

第二节 分化职业选择模型

上一节从理论上探讨了农民职业分化可能的微观影响因素，在此基础上，本节采用排序模型，利用对河北省农民的实地调查数据，对农民职业分化的职业选择决策进行实证分析，用模型估计结果对前面的理论预期进行检验。

一 模型设定

本研究将农民进行职业分化的决策分为三种选择：一是不分化即专业务农；二是完全分化即专业非农；三是兼业。此三种选择为要建立模型的因变量。而当因变量有不止两种选择时，需要采用多元选择模型（multiple choice model）。多元选择模型也是社会经济生活中常见的一类模型。本书采用的模型为排序选择模型（ordered choice model），它是多元选择模型中的一种，是用可观测的有序反应数据建立模型来研究不可观测的潜变量（latent variable）变化规律的方法[①]。

设有一个潜在变量 Y_i，是不可观测的，可观测的是 Y_i（在本书中成为替代变量），设 Y_i 有 $0, 1, 2, \cdots, M$ 等 $M+1$ 个取值。

建立排序选择模型：

$$y_i^* = x_i'\beta + \varepsilon, \quad y_i = 0, 1\cdots, M$$

上式中，x_i 是影响潜变量的一组解释变量，β 为未知系数，ε 是独

---

① 易丹辉：《数据分析与 EVIEWS 应用》，中国人民大学出版社 2008 年版，第 179、227—331 页。

立同分布的随机变量，Y_i 可以通过 y_i^* 按下式得到：

$$y_i = \begin{cases} 0, & y_i^* \leqslant c_1 \\ 1, & c_1 < y_i^* \leqslant c_2 \\ 2, & c_2 < y_i^* \leqslant c_3 \\ \cdots \\ M, & c_M < y_i^* \end{cases}$$

设 y_i^* 的分布函数为 F（x），可以得到如下概率：

P（$y_i = 0$） = F（$c_1 - c_i^* \beta$）

P（$y_i = 1$） = F（$c_2 - x_i' \beta$） - F（$c_1 - x_i^* \beta$）

P（$y_i = 2$） = F（$c_3 - c_i^* \beta$） - F（$c_2 - x_i' \beta$）

…

P（$y_i = M$） = 1 - F（$c_M - x_i' \beta$）

根据分布函数 F（x）的不同可以有常见的 3 种类型：normal、logit、extreme value。而且可以用极大似然法来求估计值。其中，由于临界值 c_1，c_2，…，c_M 事先并不确定，所以也作为参数和回归系数一起被估计。

在本书中，因变量 y 的取值有三种，代表农民在职业分化过程中的选择，即完全不分化、兼业和彻底分化。由于这三种选择根据农民职业分化的程度不同具有一定的顺序，因此，可以采用排序选择模型进行分析。

二 变量选取

文中被解释变量为农民职业分化类别的选择，用于反映农民职业分化及其彻底性的决策。根据前文对农民职业分化因素的分析，本书将所选择的解释变量划分为三类：（1）农民自身因素，包括农民的性别、年龄、受教育程度、婚姻状况；（2）农民的家庭因素，选取农民家庭耕地面积、劳动力数量、需照顾的儿童和老人数量等具体指标；（3）社区因素，选取村内企业数量、分化网络等具体指标。需要说明的是，由于所使用的数据全部来自实地调研，并多为对农民的访谈调查，因此多数变量根据调研得到的区间数据将其分为不同级别。模型中各变量的赋值情况见表6—1。

表6—1 变量的选取和赋值

变量	取值范围	均值	赋值
农民职业分化类型（y）	0—2	0.8	不分化=0；兼业=1；彻底分化=2
性别（x_1）	0—1	0.68	男=1；女=0
年龄（x_2）	1—4	2.29	30岁（含）以下=1；30—40岁（含）=2；40—50岁（含）=3；50岁以上=4
受教育程度（x_3）	1—4	2.28	小学及以下=1；初中=2；高中=3；大专及以上=4
婚姻状况（x_4）	0—1	0.84	已婚=1；单身=0
家庭耕地面积（x_5）	0—100	6.45	家庭耕地实际面积（亩）0—100
家庭劳动力数量（x_6）	1—4	2.37	1人=1；2人=2；3人=3；≥4人=4
家庭需照顾的儿童数量（x_7）	0—4	1.1	无=0；1人=1；2人=2；3人=3；4人=4
家庭需照顾的老人数量（x_8）	0—3	1.11	无=0；1人=1；2人=2；3人=3
到县城距离（x_9）	0—300	29.61	村中心到县城实际距离（公里）
村内企业数量（x_{10}）	0—200	6.01	在本村所有土地上经营的私营、集体、国有等形式的企业个数（个）
分化网络（农民如何获得其非农职业）（x_{11}）	0—1	0.55	有人或机构组织、介绍=1；无组织或介绍=0

三 估计结果分析

根据上述模型，对实地调查问卷的1518个样本，利用Eviews6.0软件采用排序选择模型估计方法，进行回归，所得结果如表6—2所示。

表6—2　　　　农民职业分化类别排序选择模型的估计结果

解释变量	系数	标准误差	Z值	P值
x_1	0.779243	0.211992	3.675808	0.0002
x_2	-0.3864	0.104584	-3.694630	0.0002
x_3	0.307241	0.112269	2.736649	0.0062
x_4	-1.58063	0.340178	-4.646477	0.0000
x_5	-1.58063	0.015777	2.261431	0.0237
x_6	-1.58063	0.113891	0.976763	0.3287
x_7	-1.58063	0.095297	2.813105	0.0049
x_8	-1.58063	0.102100	2.154099	0.0312
x_9	-1.58063	0.002961	-1.465414	0.1428
x_{10}	-1.58063	0.010708	4.060415	0.0000
x_{11}	-1.58063	0.189913	-3.166560	0.0015

表6—2中的x_6和x_9未通过检验,将这两个变量去掉,再次做排序选择模型估计,结果如表6—3所示:

表6—3　　　　重新估计的农民职业分化类别排序选择模型结果

解释变量	系数	标准误差	Z值	P值
x_1	1.280312	0.372228	3.439588	0.0006
x_2	-0.642529	0.175631	-3.658412	0.0003
x_3	0.560827	0.194571	2.882377	0.0039
x_4	-2.903783	0.624622	-4.648865	0.0000
x_5	-0.063698	0.026746	-2.381593	0.0172
x_7	0.440750	0.158328	2.783772	0.0054
x_8	0.351571	0.174177	2.018477	0.0435
x_{10}	0.082754	0.019594	4.223360	0.0000
x_{11}	-0.981260	0.322754	-3.040269	0.0024

第二次估计结果通过了检验。

从表 6—2 和表 6—3 的模型估计结果可以看出：

（1）解释变量 x_6 和 x_9，未通过检验。证明家庭劳动力数量和到县城的距离这两项解释变量对农民的职业分化类型选择不具有明显的影响。这与前人的研究结论（牟少岩等，2007；陈秀，2008）具有一定的差别。原因可能是近几年农民职业分化的人数和比例均在加大，外出从事非农职业的农民也越来越多，随着经济和社会的发展，信息服务和交通的进步，外出务工已不像以前那样困难，因此，农民是否进行职业分化与其居住地区到县城的距离已不存在显著的关系。

（2）农民个体因素中的性别和文化程度与农民职业分化类别的选择呈显著正相关关系，尤其是农民的性别。这证实了农民在从农业向非农产业转移的过程中，男性依然占据明显的优势，这不仅与男性本身的劳动力特点及当前农民从事的非农职业工种有直接的关系，也与长期以来"男耕女织"，妇女从事家务照顾家庭的历史传统和习惯有关。受教育程度越高，掌握的职业技能越多，农民就越容易在就业市场上找到工作，这一经验事实在此模型中再次得到了验证。但是由于当前农民从事的非农职业层次相对较低，涵盖的类别和岗位并不全面，所以相对于就业市场总体样本来说，其影响显著性相对偏低一点。

（3）农民个体因素中，年龄与婚姻状况两项的估计系数均为负值，其中婚姻状况的系数绝对值较大。这符合人们的一般判断：年龄越大，职业分化的困难也越大；已婚者由于家庭的约束远没有单身者在职业分化的选择上自由。

（4）农民的家庭因素中，家庭耕地面积的估计系数为负，需照顾的儿童数量和老人数量，估计系数均为正数。首先，家庭耕地面积的估计系数说明随着家庭耕地面积的增加，农民分化的意愿下降。这不难理解。家庭耕地面积越小，农民越需要通过从事其他职业来增加收入；家庭需经营的土地面积越大，农民就越容易被土地束缚，同时经营农地带来的收入也得到增加，农民从事其他职业的动机减弱。其次，家庭儿童数量和老人数量的估计系数为正，这与我们的一般判断出现差异。原因是家庭中需要抚育的儿童数量越多，家庭经济压力也越大，因此家中的劳动力从事非农职业的动机和可能性也越大；农村中多数老人是常年劳作的,他们只要有独立生活的能力,就会帮助儿女打理家务、照顾孩子,因此,家中有老人的农民往往没有后顾之忧,抽出时间和精力从事非农职业的概率也更大。

(5)社区因素中,变量x_{10}即农民居住地的企业数量对农民的职业分化类别形成正向影响。这说明农民家庭附近的企业越多,给农民提供的就业岗位和机会也越多,则农民兼业或专职从事非农产业的比例也越大。

(6)分化网络的估计系数为负值。这与人们的一般判断,即越是有人或组织介绍,越容易分化是相反的。经逐一观察调查样本发现,经人或组织介绍从事非农职业的农民,进入的行业多为建筑业、服务业和工业等,其用工具有季节性和不稳定性的特点,因此很多农民是选择兼业模式。不是经人或组织介绍从事非农职业的样本,很多为私营业主或从事较为稳定的职业,因此此类人选择完全分化的反而较多。同时此结果也证明,当前农民职业分化已成为一个普遍现象,农民从土地中分离出来进入非农职业,已变得比过去容易得多。

第三节 分化地区选择模型

一 模型设定与变量选取

为了考察农民的职业分化对城市化进程的影响,本研究将农民的职业分化地区选择划分为两类,即进城分化与乡村分化。其中进城分化包括进入大城市或小城镇从事非农职业,即按照户籍划分定义的城镇;乡村分化主要指农民就在乡村地区从事非农产业。农民分化的这两种地区选择为模型要解释的因变量。在这里可以借鉴农村劳动力流动转移的经典方法,即 Logistic 模型或 Probit 模型。这两种模型的共同点为被解释变量通常用一个二分虚拟变量表示。本书选用 Probit 模型(概率单位模型)来进行估算,分析具有不同特征的农民选择进城或留乡的概率,或者说什么样的农民更有可能进城实现职业分化。

Probit 模型的具体形式如下:

$$P = P(y=1 \mid X) = \varphi(\beta X)$$

其中,P 表示概率,y=1 表示年内进城务工,φ 是标准正态分布函数，β（β_0，β_1，…，β_n）为待估计参数，x（x_1，x_2，…，x_n）是解释变量。β_x 为 Probit 指数。β_1 表示 x_1 变化一个单位引起 Probit 指数变化 β_1 个标准差，而 x_1 变化一个单位引起的概率变化（marginal effect，dF/dx，边际影响）等于对应的正态密度函数与参数指数 β_1 的乘积。Probit 模型是通过极大似然法来估计模型参数的。

在本研究中，被解释变量为农民职业分化的地区选择决策，用虚拟变量表示（进城分化 =1，留乡分化 =0），反映农民职业分化地区选择的差异。解释变量与农民的分化职业选择模型相同，参看表 5—1。

对上述变量和统计数据需要进一步说明的是，在此模型中所采用的样本数据均为分化农民，也即兼业或全职从事非农产业的农民。原因是在此重点要考察职业分化的农民在从事非农职业时的地区差异。

二 估计结果分析

根据 Probit 模型，利用 Eviews6.0 软件，对实地调查问卷中已分化的 816 个样本，进行回归，所得结果如表 6—4 所示。

表 6—4　农民职业分化地区选择 Probit 模型估计结果

解释变量	系数	标准误差	Z 值	P 值
x_1	-0.600949	1.416970	-0.424109	0.6715
x_2	-2.664761	1.036822	-2.570123	0.0102
x_3	0.721467	0.338708	2.130056	0.0332
x_4	2.909301	1.877349	1.549686	0.1212
x_5	0.148030	0.119018	1.243761	0.2136
x_6	0.045273	0.274129	0.165152	0.8688
x_7	-1.601041	0.593919	-2.695722	0.0070
x_8	-2.430039	0.818010	-2.970673	0.0030
x_9	0.075041	0.024846	3.020204	0.0025
x_{10}	-0.075778	0.034284	-2.210314	0.0271
x_{11}	3.635952	1.376585	2.641283	0.0083

表 6—4 中的解释变量 x_1、x_4、x_5 和 x_6 未通过检验。将这四个变量去掉，利用 Probit 模型重新进行估算，得到的结果如表 6—5 所示：

表 6—5　　　农民职业分化地区选择 Probit 模型重新估计结果

解释变量	系数	标准误差	Z 值	P 值
x_2	−1.839804	0.523691	−3.513150	0.0004
x_3	0.562505	0.243345	2.311550	0.0208
x_7	−1.356818	0.422938	−3.208081	0.0013
x_8	−1.939571	0.529024	−3.666316	0.0002
x_9	0.065222	0.017529	3.720733	0.0002
x_{10}	−0.072462	0.021373	−3.390439	0.0007
x_{11}	3.346251	1.003785	3.333634	0.0009

排除变量 x_1、x_4、x_5 和 x_6 后重新进行计算的结果各项都通过了检验。根据以上模型估计结果可以看出：

（1）解释变量 x_1、x_4、x_5、x_6 四项未通过检验。也即农民的性别、婚姻状况、家庭耕地面积和家庭劳动力数量对于农民就业的地区选择不具有明显的影响。这与前人的研究存在一定的差异。最主要原因是我们在这里所采用的数据是已进行职业分化的农民，而未包括未分化留在家里务农的农民。所以我们首先可以看到，在此模型估计结果中，首先排除了性别对于分化农民工作地点的影响。也就是说，只要是从事非农产业的农民，无论男性还是女性，在进城（外出）与留乡这个问题上不具有明显的差异。这证明随着外出务工现象越来越普遍，农村妇女从事非农职业也不再局限于本土本乡，进入城镇务工的比例并不低于农村男性。这一方面反映了女性的进一步解放，另一方面也反映了城镇招工的多元化，需要女性劳动者的岗位不断增多。其次，虽然已婚农民和单身农民在进行是否分化和兼业的决策上存在显著差异，但在已分化者中，二者并不存在明显区别。这是不仅因为随着城镇化的加速发展，小城镇越来越多，需要的劳动力也越来越多，还因为往往城镇的就业机会更多、带给农民的收入较高，因此许多已婚者会进入离家较近的城镇求职、就业。再次，家庭耕地面积被排除。这是因为家庭耕地面积只会影响农民职业分化的彻底性和模式，但对于已分化农民的就职地区影响并不显著，因为有许多兼业农民虽然家庭耕地面积较大，但其选择在较近的城镇从事非农职业。最后,与农民职业分化的类别选择模型一样,家庭劳动力数量不能作为影响因变量的解释变量,家庭劳动力的多少并不能决定农民进城就业还是留乡分化。

(2)农民的个体因素中,年龄的估算系数为负,文化程度的估算系数为正。这说明年龄越大,外出的动机和行为越少,这与前文的研究结论一致,也与以往对于农村劳动力外出务工影响因素的实证研究结论一致。其原因是,年轻人外出闯荡的动机更强,而随着年纪的增长,一方面受到传统观念的束缚;另一方面年纪较大的人在体力、文化和技术等方面相对薄弱,因此外出分化的机会也更少,此外,还有婚姻家庭的束缚等原因,导致农民的年龄与其外出(进城)从事非农产业的概率呈反方向变动;文化程度越高,所拥有的技能越多、越熟练,则农民个体所拥有的人力资本也越丰富,从而更有机会进入城镇谋求职业,因此这类人进入城镇分化的比例也更高。

(3)农民的家庭因素中,前两项即家中的儿童数量和老人数量的估算系数为负,家庭到县城距离的估算系数为正,但并不显著。前两项的计算结果很容易理解,家中的儿童和老人越多,越需要分化的农民照顾,因此限制其不能到离家较远的地方工作。因此这类农民往往留在本地打一些零工,或在本村本乡从事一些非农职业,而家中需要照料的儿童和老人较少或没有时,农民就可以没有顾虑地外出从事非农产业。根据模型估算结果,农民家庭到县城的距离越远,农民进入城镇分化的可能性越大,虽然相关系数较小。根据调查,这是因为家庭距离县城较远的农民,往往本地就业机会较少,他们更多到北京、天津、石家庄和所属地级市去谋求非农职业,因此会出现这样的结果。

(4)社区因素中,分化网络与农民进城分化呈正相关关系,而村内企业数量与农民进城分化呈反向关系。这说明分化网络越发达,农民进入城镇从事非农职业的数量也越大。也即相关机构、组织和个人为农民提供的求职服务和帮助对于农民进城分化具有相当大的促进作用,这不仅与前人对于农村劳动力流动转移的相关研究一致,而且从本模型的结果数据中也可以看出。从表6—5中可以看到,解释变量 x_{11} 也即分化网络一项,其估计系数达到3.3以上,位列各变量估计系数之首。此外，村内企业数量越多，农民在本地就近分化的可能性也就越高，本地的非农就业机会为农民留乡分化提供了条件，从而农民千里迢迢进入城镇谋求非农职业的动机和行为也自然大大减少。

第七章

农民职业分化绩效与报酬分析

根据组织行为学的行为动机模型,当农民进行决策,做出职业分化的方式和地区选择后,其行为必然会带来一定的结果也即绩效,该结果为行为者带来内在和外在的双重影响也即报酬,无论这种报酬是正还是负,它会进一步影响农民的心理满足感和对待职业分化的态度,甚至是对其目标有所修正或改变,从而产生新的一轮循环。这些报酬不仅体现在农民的经济收入和物质生活的改善方面,而且体现在其对未来的预期与工作和生活的满意度等内在方面。对农民职业分化的绩效与报酬的分析,可以帮助我们了解农民为何做出其分化类型的选择、农民职业分化到底是否有利于农民收入和自身的提高,以及预期农民将来是否会进行职业分化、向什么方向分化。

第一节 农民职业分化绩效分析

农民职业分化行为产生后,会产生相应的绩效,主要是指农民职业分化行为直接取得的成果。在此,我们将农民的职业分化决策看成是农民进行职业分化的行为,那么其绩效即可看作是这种行为带来的直接结果,也即农民进入了某种产业,谋得并开始从事某种职业。为了同时考察其与现代化之间的关系,并与前文保持一致,我们仍然按照农民职业分化的程度和城乡区域不同这两个角度去比较农民职业分化的结果。

一 不同职业分化类型农民的绩效比较

按照农民的职业情况,将农民分为专业务农、专业从事非农产业、兼业进行考察,以对其就业的行业分布进行比较。如表7—1所示,在全部调查样本中,专职务农,即未进行职业分化的农民比例为46.2%,脱离农业专门从事非农产业的农民为33.2%,兼业农民占20.6%。专职从事非农职业的农民在行业分布上和兼业农民具有一定的共性。总体来看,这两种情况的农民分布最多的行业均为工业,其次建筑业和服务业相对于其他行业所占比例也较高,而且这两类人群中从事服务业的比例相近。

但二者的行业分布差异性也非常明显。专业从事非农职业的农民按照就业人数从多到少,就业行业依次为:工业、乡村干部和专业技术职业、服务业、建筑业、个体经营等;而兼业农民按照就职人数的多少,所从事的行业依次为:工业、建筑业、服务业、个体经营、乡村干部和专业技术职业等。首先,可以看出,专业从事非农产业者从事乡村干部和专业技术职业的比例明显高于兼业农民。根据调查,兼业农民中从事乡村干部和专业技术职业的人中,多数是一边在村中担任村委会干部等职务,一边从事其他职业,尤其兼职从事个体经营的最多。其次,兼业农民从事建筑业的多于专业从事非农职业的农民。这是因为一来建筑行业用工时间不稳定,一般多为按照项目需要短期招工,工程项目结束往往用工合同也即终止,这与其工作性质有关;二来因为建筑行业对劳动力的文化、技能要求相对较低,因此有更多的教育程度相对较低的农民从事这种工作,而他们因为缺乏较高的技术素质,难以与用工单位建立长期的合同关系,相对其他群体也更加不愿意放弃农田对他们的收入保障和补充功能,从而兼业者从事建筑行业较多。

表 7—1　　　　不同职业分化类型农民就业行业比较　　（单位：人,%）

专职农民	专业非农						兼业农民					
农业	工业	建筑业	服务业	乡村干部专业技术	个体经营	其他	工业	建筑业	服务业	乡村干部专业技术	个体经营	其他

人数	702	207	61	67	72	31	66	168	72	30	11	10	21
占全部样本比例	46.2	13.6	4.0	4.4	4.7	2.0	4.3	11.1	4.7	2.0	0.7	0.7	1.4
占该组比例	100	41.1	12.1	13.3	14.3	6.2	13.1	53.8	23.1	9.6	3.5	3.2	6.7

二　职业分化不同区域农民的绩效比较

经过对调查数据的统计分析，可将在城镇与乡村地区职业分化的农民各自从事的职业通过图7—1显示出来。

在乡村地区就业的农民主要从事的职业排在前三位的依次为农业、工业和建筑业。这反映出，乡镇企业虽在吸纳农村劳动力方面空间缩小，但也依然发挥着较为重要的作用，此外近年来新农村建设、新民居工程为农民在农村地区从事建筑业提供了许多就业机会。在小城镇就业的农民主要分布在工业、建筑业和农业等。从事农业人数比例相对较高的原因，根据调查，主要是因为这部分受访者很多是城中村的农民，他们依然全职或兼业从事农业。农民在城市地区集中从事的职业主要是建筑业、工业、服务业等。这与城市建设较快、工业发达、服务业发展速度快、就业机会多不无关系。

从另一个角度来看，从事农业的农民主要分布在乡村地区，从事工业的农民分布在小城镇和城市较多，从事建筑业的在城市明显最多，从事服务业的农民分布小城镇多于农村地区、城市多于小城镇，这符合经济和行业发展的一般规律。此外，被调查者中，从事个体经营以及乡村干部、专业技术工作的在三类地区中农村分布最多。这是因为从事这些职业的农民多为乡村干部、乡村妇联、乡村教师和医生等，主要分布在乡村地区，此外在受访者中，从农业中分化出来从事个体经营的农民也更多的是因为拥有一些资本积累而在居住地区附近开办小超市、手工作坊等。

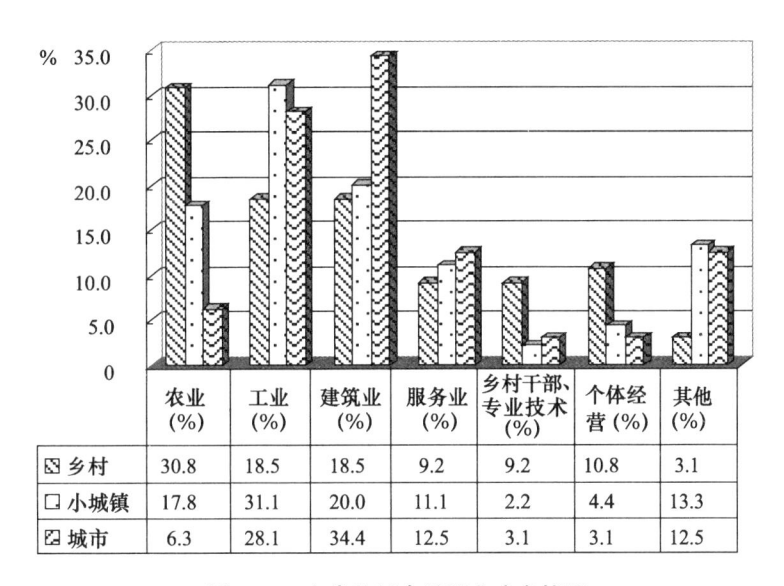

	农业(%)	工业(%)	建筑业(%)	服务业(%)	乡村干部、专业技术(%)	个体经营(%)	其他(%)
乡村	30.8	18.5	18.5	9.2	9.2	10.8	3.1
小城镇	17.8	31.1	20.0	11.1	2.2	4.4	13.3
城市	6.3	28.1	34.4	12.5	3.1	3.1	12.5

图 7—1　各类地区农民职业分布情况

由以上分析可以看出：城镇地区工业在推动农民职业分化方面发挥着较为重要的作用，但农村地区工业依然扮演着不可忽视的角色；城市建筑业吸纳大量的农民进行职业分化，但农村地区和小城镇的加快建设也越来越多地吸纳农民进入建筑行业；服务业在促进农民职业分化方面发挥的作用相对还较小，需要进一步加快服务业的发展；从事个体经营的农民多集中在乡村地区，这一方面是因为农民工返乡创业享受较多政策扶持，这将会更好地带动农村地区的发展；另一方面不可忽视的是这些个体经营的规模普遍较小、产品或服务的附加价值较低，这多与农民自身各项经营资本积累较低有关，因此，需要大力提高农民的科学文化和经营素质、促进农民经营资本的积累和增加，从而才能推动农民个体经营向更高层面提升。

第二节 农民职业分化行为报酬分析

农民职业分化行为的报酬是指职业分化行为为农民带来的各种有形与无形的补偿和酬劳。报酬包括经济的、社会的和心理的三个方面，也即不仅包括直接的工资、奖金与实物等形式的经济酬劳，还包括其生活和工作条件的改善，获得的较高的社会评价，以及因从事该职业获得的心理满足感。

按照激励理论中公平理论的原理，农民获得职业分化行为的报酬后，还会进行比较，包括与其他人比较和与过去的自己比较。在与他人的比较中，如果感觉自己的收益与付出之间的比例低于其他职业分化类别的人，那么在条件允许的情况下，他会放弃自己当前从事的职业，去加入别人的队伍；如果感觉自己从事此类工作的收益与付出之间的比例等于或大于其他职业分化类别的人，那么他会继续和强化当前的行为。同理，在与自己过去的情况比较中，如果发现从事现职的收益与付出的比例低于自己从事旧职时的情况，那么在同等条件下，农民就不会从事或放弃从事该类职业；如果从事当前类别的职业获得的收益与个人付出之间的比例高于从事旧职时的情况，那么农民会感觉较为满意，留在该职业中。

基于对农民职业分化行为的绩效与报酬的界定，在这里我们主要以农民职业分化行为产生后获得的报酬为考察目标，从其获得的经济收入的来源和数量、生活条件的改善，以及获得的心理满足感等几个方面，对农民职业分化行为的报酬结果进行考察。分析角度依然是农民职业分化程度的不同和分化城乡区域的不同两个方面，分析依据主要是对河北省 11 个地市的农民问卷调查数据。

一 不同职业分化类型农民的报酬情况比较

1. 不同分化类型农民家庭收入来源比较

将农民家庭主要收入来源分为农业、商品性农业、农业收入为主其他收入为辅、农业收入为辅其他收入为主、非农产业五类，分别统计未进行职业分化依然务农的农民、兼业农民和专职从事非农产业的农民对应每一类家庭收入来源,各有多少人。调查结果如表7—2所示。

从表7—2中数字可见:纯农民其家庭主要收入来源为纯农业的明显多于其他两类人群,而且较之本群体中家庭主要收入来源为其他类型的也是最多;专职从事非农产业的农民其家庭主要收入来源为农业的人数和比例都最少,但非农收入在其家庭收入中所占比例明显高于其他群体,其中农业收入为辅其他收入为主的人数最多,完全来自非农产业的远远高于其他两类人群;兼业农民与其他两类农民群体相比,其家庭主要收入来源的分布体现出了较为均衡的特点,但其家庭收入也同样具有多样化的特点,农业收入为辅其他收入为主的以及农业收入为主其他收入为辅这两种人数明显多于其他三种,同时其他收入多于农业收入的人数多于农业收入多于其他收入的人数。

通过以上分析可见:首先,农民个体职业分化状况与其家庭收入来源有着密切的关系;其次,农民经过职业分化,大大提高了非农收入在其家庭收入中的比例;最后,专职从事非农产业的农民和兼业农民,也即进行了职业分化的农民中,非农收入超过农业收入的占据多数,这证明农民从事非农产业可以大大提高其家庭收入。

表7—2　　　　　不同职业分化类型农民家庭收入来源　　　（单位:人）

家庭主要收入来源	农业	商品性农业	农业为主,其他为辅	农业为辅,其他为主	非农产业
未分化者	244	68	190	170	30
兼业者	45	17	98	137	15
专业非农者	33	35	82	229	125

2. 不同分化类型农民家庭收入数量比较

根据当前河北省农民家庭收入的现实情况,将农民家庭年收入分为5000元以下、5000—1万元、1万—2万元、2万—5万元、5万—10万元和大于10万元六个档次,分别对纯农民、兼业农民和完全从事非农职业农民的家庭收入进行统计和比较。

调查结果显示,未进行职业分化的农民、兼业农民和专职从事非农产业的农民,其各自的家庭年收入水平也有较明显的差距。(如表7—3

所示）在所有被调查的单纯务农的农民中，仅有18人家庭年收入超过10万元，占该组农民的不到3%；多数集中于5万元及以下，小于5000元以下的人数在三类农民中最高，在各档收入中，家庭年收入为1万—2万元的最多；专职从事非农产业的被访农民中，绝大部分家庭收入超过5000元，其中人数最多的是2万—5万元，此外，在三类农民中，家庭收入超过10万元的，以专职从事非农产业的农民居多；兼业农民的家庭年收入多集中在5000元到10万元以内，其中大部分集中在5000元到5万元区间。

通过以上分析可见：首先，农民个体的职业分化与其家庭年收入的数量存在正相关的关系；其次，未分化农民的家庭收入明显低于分化农民的家庭收入；最后，农民职业分化水平越高，其家庭年收入数量也越大。

表7—3　　　　　　　　不同职业分化类型农民家庭年收入

家庭年收入	≤5000元	5000—1万元（含）	1万—2万元（含）	2万—5万元（含）	5万—10万元（含）	10万元以上
未分化者	82	178	228	162	34	18
兼业农民	12	58	84	119	25	14
专业非农者	15	64	114	207	65	39

3. 不同分化类型农民生活满意度比较

当被问及"您对您当前的生活满意吗？"这样的问题时，未分化农民超过一半回答"基本满意"，25.7%的人回答不太满意，16.9%的人回答比较满意，总体来讲持中间态度的人为多数，剩余部分满意度较低的人数多于满意度较高的人。兼业农民和完全脱离农业从事非农产业的农民回答"基本满意"的均为46%左右，但作其他回答的人差别明显。兼业农民有超过1/3的人生活满意感较低，该比例高于其他两类农民，而回答"非常满意"和"比较满意"的总共只有17.7%；与之相反，专职从事非农产业的农民中有约1/3的人生活满意度较高，而只有约20%的人表示对生活"不太满意"或"很不满意"。

总体来看，未分化的农民对生活的满意感持中间态度的最多，生活满意度较为集中,满意度欠佳的稍多于满意感较高的农民;兼业农民和专职从事非农职业的农民生活满意度分布更为分散;兼业农民在三类农民中生活满意度最低;专职从事非农职业的农民在三类农民中满意度最高(如表7—4所示)。

表7—4　　　　不同职业分化类型农民的生活满意度比较　　　（单位:%）

	非常满意	比较满意	基本满意	不太满意	很不满意
未分化者	2.3	16.9	51.3	25.7	3.8
兼业农民	1.3	16.4	46.7	31.6	3.9
专业非农者	2.0	30.8	45.6	19.6	2.0

结合调查资料进行分析,出现这种现象的原因主要是:总体来讲,专职从事非农产业的农民往往收入相对较高,生活环境也有所提高,因此其生活满意度最高;单纯从事农业的农民要么是生活简单因此满意度一般,还有一部分是经营较大规模土地的农业大户,其收入和生活水平较高,所以其生活满意度也相对较高;而兼业农民中多数是因为农业不能为其提供充分的就业和足够的收入,因此选择同时从事一些阶段性和临时性的非农工作,其收入水平和生活质量并不高,或是由于自身文化素质和劳动技能较低而无法稳定从事非农产业,多数只能从事一些稳定性较差的职业和初级岗位,因而其工作条件和收入都较为有限,加之兼业者中有很多需要兼顾家庭和工作,甚至是在两地或多地来回流动,非常辛苦,所以其生活满意度在三类农民中最低。

二　职业分化不同区域农民的报酬情况比较

(1)在家庭主要收入来源方面,工作在乡村的农民多以兼业收入为主,其次是农业,完全从事非农产业的人比例很少;在小城镇就业的农民家庭主要收入来源以农业为辅的明显多于其他种类,以非农收入为主要家庭收入来源的多于乡村地区就业农民;在城市就业农民的家庭主要收入来源除以农业为辅的最多外,兼业收入为主的比例总体多于其他两类,此外,在城市就业农民的家庭主要收入来源为农业的比例很低,而为非农产业的较工作地区在乡村和小城镇的农民更多。

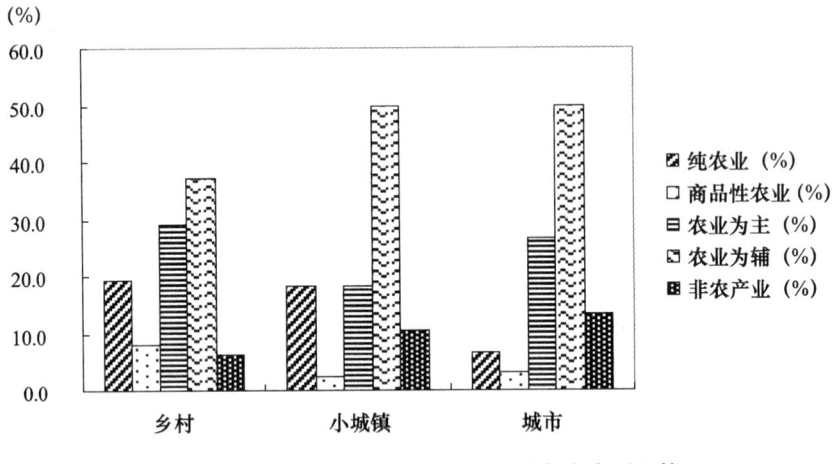

图 7—2　不同工作地区农民家庭主要收入来源比较

（2）家庭收入数量方面，在乡村工作的农民家庭年收入多处于 5 万元以下，很少有超过 20 万元的；在小城镇工作的农民家庭年收入低于 1 万元的很少，多集中于 1 万—10 万元之间，有小部分家庭的年收入超过 20 万；在城市工作的农民家庭年收入较在小城镇工作的农民家庭更多。

（3）生活满意度方面，总体来讲，在乡村地区、小城镇和城市工作的农民其生活满意度相差不是十分明显。但在乡村地区工作的农民对生活的满意感相差不大，多处于基本满意或是感觉稍好或稍差，持极端态度的很少。城市和小城镇情况差别较小，但在城市工作的农民对生活较为满意的比例高于小城镇农民，也即城市工作的农民总体来讲生活满意感高于小城镇工作的农民。还有一个现象就是越是在较为发达地区工作的农民，对生活感到很不满意的比例越高，这与在大城市工作生活压力相对较大、城乡生活和收入差距较为明显有关。

总之，通过以上分析可以得出如下结论：在城镇地区工作的农民非农收入比例高于乡村地区工作的农民；城镇地区工作的农民家庭收入总体来讲高于乡村地区，在城市地区工作的农民尤为如此；在不同类型地区工作农民的生活满意度差别不是很明显，总体来说各地区农民生活满意度差别不大，但城镇地区工作农民的生活满意感更容易出现两极分化的现象。

图7—3 不同工作地区农民的生活满意度比较

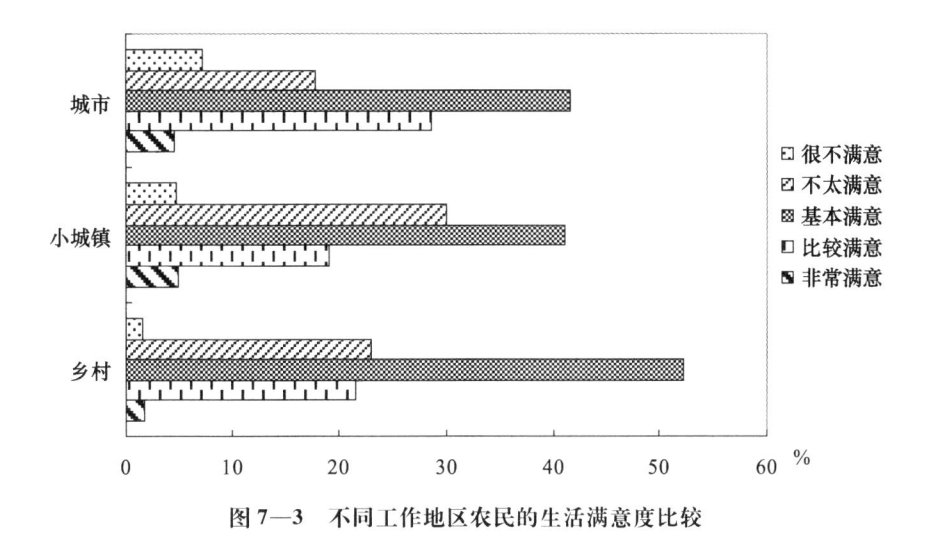

第三节 基于人力资本投入—收益视角的农民职业分化收益率测算

一 农民人力资本的投入成本与收益

按照人力资本均衡理论的观点，唯一决定人力资本投资量的最重要因素可能是投资的有利性或收益率。我们将农民的劳动力和劳动时间看作是农民职业分化决策过程的主要投入，也即成本，与其分化行为得到的结果也即收益进行比较，计算其收益率，从而得出其职业分化的绩效与报酬情况。

农民人力资本的投入成本由直接成本和间接成本组成，用公式表示如下：

$$C = W_Z + W_J$$

其中，直接成本 W_Z，是指农民劳动力投入某项职业而使其个人直接负担的成本，主要包括从事该职业投入的时间、寻找就业机会的费用、为求职而接受各类教育和培训的费用、因就业带来的额外生活费用等。间接成本 W_J，主要是指因做此项工作而不能参与其他工作和闲暇而失去的可能的收入和效益,也就是机会成本。

与成本相反,农民的人力资本投入将得到以下三方面的收益:(1)经济收入。农民将个体劳动力投入到某项工作中,会获得相应的经济收入,该收入可能以工资的形式体现,或者以工作结果的经济价值体现,如种地获得的农产品对应的经济价值,或者以其他收入形式体现,如按劳动结果得到的相应经济报酬。农民个体的知识技能水平越高,其经济收入也越高。假定教育能使生产者技能提高的情况下,教育与培训水平也与农民职业分化的经济收入呈正相关关系。(2)相应的职业机动性。在农村土地承包制度不动摇的前提下,假设农民依然保有对土地的最终使用权,则农民选择兼业或全职从事非农职业,就具有一定的职业机动性,也即其拥有更多的就业机会,这也可看作是取得了更多和更为稳定的收入。(3)相应的心理优势。获得某些就业机会的农民,往往从心理上具有一种成就感与满足感,这种心理优势能够为其带来一定的无形收益。以上三种收益,在具体计算时,由于量化上的困难,往往仅局限在能够用货币表示的收入项目上,也即第一项"经济收入"。

二 方法与数据

在此借用贝克尔曾发展的计算人力资本投资收益的简化方法,但我们将农民人力资本的投入和收益均限定于开始从事当前职业至今,运用内部收益率求解农民人力资本投入收益率,计算公式如下:

$$C + X = Y_i X_i / (1+r)^2$$

$$C + X = \sum_{i=1}^{n} \frac{Y_i - X_i}{(1+r)_i}$$

其中,C、X 分别表示农民人力资本投入的直接和间接成本,Y_i 和 X_i 表示进行过该类和上一类人力资本投入的农民的收益,n 表示将劳动力投入到该类职业中的年限,r 为农民职业分化人力资本的投入收益率。

为了重点考察农民职业分化程度差异的决策,本研究将农民的人力资本投入分成务农、兼业与全职从事非农职业三类。并做如下假设:

(1)经济收入情况反映劳动者的劳动投入与技能情况。

(2) 与本研究其他部分一样，考察的个体年龄以 16 岁为起点。

(3) 各地区工资收入中不存在市场歧视，即 $MDC = 0$，不考虑地区工资类别。

(4) 经济收入包括工资、奖金、津贴及其他可用货币表示或换算的各类收入。

(5) 农民的人力资本与其所受的各种教育培训成正相关关系。

模型计算采用对河北省 11 个地市农民的田野调查问卷资料作为数据基础。

三 测算结果分析

根据模型运算，得出调研地区 2012 年不同分化程度的农民人力资本投入的个人收益率，结果如表 7—5 所示。

表 7—5　不同类型农民职业分化人力资本投入收益测算结果　（单位:%）

	全职务农	兼业	全职非农
所有样本	8.92	15.17	13.48
男性	9.20	15.11	11.96
女性	8.75	15.42	14.53

根据模型测算结果，可以看出：

首先，从总体样本来看，全职务农的人力资本投入收益率最低。从其成本来讲，全职务农的人力资本投入成本相对最低，这是由于当前我国农业现代化水平相对较低，而务农者多为文化水平较低的老人和妇女，因此务农者投入的教育、培训成本较低，且在家务农不需要花费求职费用，生活成本也最低。当然其主要成本可能来自未从事其他职业的机会成本；然而，从收益角度来看，在当前务农获得的经济收入较之兼业者和全职从事非农职业者明显偏低，因此导致最终全职务农者的人力资本投入收益率相对最低。兼业者的人力资本投入收益率最高。这是因为兼业者相对来说往往文化水平居中，因此其支付的教育费用数量一般，而其从事非农职业往往是在家乡附近，因此也不会花费过多的谋职费用，因此其人力资本投入的成本相对不会太高，而其收入由于有农业和非农业两项来源，相对较多，因此其人力资本投入收益率相对最高。这也从另一个侧面解释了为什么无论是我国还是曾经的日本，一直存在较高的兼业率。全职从事非农产业的农民人力资本投入收益率稍低于兼业者。全职从事非农职业的农民，虽然其收入相对于前两类农民更高，但由于此类农民往往教育年限更长，意味着其较之其他类别的农民，付出了更多的教育成本；同时，全职从事非农职业的农民有很多是离开家乡进入城市从事非农工作，因此其为此工作而支付的额外生活成本也相对较高。于是，在较高的人力资本投入成本下，其收益水平有所下降。但当前现实中存在的现象是，很多兼业农民为中老年，年青一代农民由于不满务农相对艰苦的工作条件，所以即使在人力资本投入收益率稍低的情况下，也宁肯选择全职从事非农职业。

其次，从不同性别来看，全职务农的男性人力资本投入收益率较之女性农民稍高。因为当前全职务农的农民多为老人和中年妇女，其中男性农民多为年龄较大者，其接受的教育年限较短，付出的教育成本较低，而且从事其他职业的机会成本也相对较低，因此在收益差异不大的情况下，其人力资本投入收益水平相对偏高；而务农女性有一部分为由于需要照顾家庭而未进行职业分化的农民，其接受的教育较之老龄农民更多，而且如果从事其他职业可获得的收入也相对较高，因此其教育成本和机会成本都相应增高，致使其收益率偏低。兼业者和全职非农者中，女性的人力资本投入收益水平均高于男性，尤其是在全职从事非农职业的农民中更为明显。这与邹至庄、杰密森等人关于中国人力资本投资收益的测算结果一致。究其原因，应该是分化的男性劳动力较之女性更多从事初级体力劳动，因此收益水平相对较低。

以上测算和分析结果表明，整体来讲，当前农民的人力资本投入收益效率偏低，应主要依靠进一步加强对农民的基础教育和职业培训，提高其人力资本价值，从而提高其就业地位和收益。较兼业农民和彻底分化的农民，纯务农者也即未进行职业分化的农民，人力资本投入收益水平最低，加之务农的条件相对艰苦，导致当前很多农民，尤其是年轻农民，不愿继续从事农业。分化的女性农民的人力资本投入收益水平高于分化的男性农民，反映出当前很多男性农民从事的非农职业集中在体力劳动占主导的初级岗位。该分析结果说明了当前农民职业分化发展迅速，以及兼业普遍存在的原因，而且按照此结果分析，仍将会有大量的农民投入到职业分化大军中去。同时，此分析结果也为农民进一步提升职业分化人力资本投入收益水平指明了方向，即加大教育和培训力度，提高人力资本含量，从而提升就业层次和收益水平。

第八章

结论与政策意义

第一节 主要结论

农民职业分化是国家经济发展以及工业化和城市化的必然过程和现象。特别是20世纪80年代以来，我国农民的职业结构发生了显著的变化，越来越多的农民开始从农业中分离出来，兼业或专职从事非农职业。同时，自1984年中央1号文件允许农民自备口粮进城开始，如今数以亿计的农民流向城市。随着我国工业和经济的不断深入发展，以及城镇化水平的不断提高，更多的农民进行职业分化将是不可否认的必然现象，其对我国工业化、城镇化和农业现代化的发展进程产生了不可忽视的影响，也是农民自身经济、政治、文化等多方面分化的基础。本书在现代化进程的背景下研究农民职业分化问题，在整体分析农民职业分化的现状与特征的基础上，以农民职业分化程度和农民职业分化城乡就业区域不同两个角度为主线，以对河北省农村地区和农民的实地调研数据为依据，全面系统地考察和比较了不同分化程度农民和城乡间就业区域不同农民的个人特征、家庭特征、职业状况和生活状况等各方面的差异，归纳出了不同类别农民职业分化的特点；综合考虑和分析了影响农民职业分化的微观非制度性因素和宏观制度性因素，并进一步利用多元排序选择模型和Probit模型，从农民的个人特征、家庭特征、社区特征等方面定量研究和找出了影响农民职业分化的主要微观层面因素；基于国家相关统计数据和实地调研数据，从理论和实证两个角度，分别分析了工业化、城镇化、农业现代化与农民职业分化的相互关系，最后综合分析了农民职业分化对现代化进程的影响，并从农村教育、农民的观念与决策变化等方面剖析了农民职业分化对现代化进程的间接影响；重点选取了几个具有代表性的农村地区，深入访谈当地不同职业分化类别的农户，利用个案解剖的方法对前文理论研究作进一步验证。研究得出的主要结论如下：

1. 我国农民职业分化趋势明显

随着我国工业化和城镇化的深入发展，农民职业分化的程度不断加深；且分化的类别呈现多元化态势，许多农民从农业中分离出来，进入各行各业。受工业化和城镇化水平影响，我国农民职业分化在程度和模式上都体现出较为明显的地区差异。当前我国职业分化的农民就业多处于较低层次，且兼业化明显。此外，我国农民职业分化在年龄分布和从事非农职业的具体时间上体现出阶段性。

我国农民职业分化的现状与特点决定了当前农民职业分化面临的主要问题是：一是分化职业层次低不利于农民经济与社会地位的提高；二是稳定性差、兼业性强影响农民职业生涯发展和稳定增收；三是流动性强易引发社会问题，不利于新农村建设；四是分化不彻底影响现代化的实现。

农民职业分化之所以面临如此多的问题和困难，从总体来看，主要在于农民职业分化受到以下限制：一是农村富余劳动力多，影响农民总体职业分化的速度；二是工业和城市对农民职业分化发挥的作用仍不足；三是各种制度和政策障碍阻碍农民职业分化；四是农民自身素质偏低影响其谋取非农职业。

2. 农民职业分化与现代化进程关系紧密

从经济理论和实证的角度两方面论证，关于农民职业分化与工业化的关系得出一致的结论：工业化的发展无疑拉动了农民的职业分化，而农民的职业分化虽不能说是工业化的充分条件，但也为工业化的进步提供了必不可少的人力资本。

无论是从经济理论上分析，还是从各国历史中借鉴，抑或是统计数据的验证，都证明城市化是拉动农民职业分化的动力，而农民职业分化促使农村劳动力向城市流动，从而促进了城市化的发展。农民职业分化与城市化相辅相成，互相促进。

农业现代化的实现困难很大一部分来自素质较低的农村剩余劳动力

的大量存在,要实现农业现代化,必须让大量农民从农业中分离出来从事其他职业。事实证明,农民职业分化是实现农业现代化的必要条件。当然,农业现代化的实现必然也会促进农民职业分化的深入。

农民的职业分化对现代化进程具有重要的影响。它不仅直接推动了现代化进程,还对其还形成了间接的影响。工业化、城镇化和农业现代化,都呼唤农村教育水平的提高,而农民的职业分化在农民的教育观念和支付能力等方面,对农村教育起到了促进作用;农民职业分化有助于降低农民过多生育子女的意愿,从而有利于改善城乡不平衡的生育率状况,并提高城市化的速度与质量;职业分化有利于那些有意愿发展现代农业的农民获得经营的资本,从而加速实现农业现代化;职业分化有利于提升农民的职业和生活满意感,在促进城市化发展的同时,促进乡村工业和小城镇的建设,以及社会民主和文明的进步。

3. 不同职业分化类型的农民在动机和能力上具有差异

第一,按照农民职业分化程度的不同,或农民职业分化后的专业化程度的不同,将农民分为专业农民、专业从事非农职业的农民和兼业农民三种类型,经过实证比较后发现:

在个人特征方面:首先,无论是专职从事非农职业,还是兼业,男性比例都高于女性,也即男性农民职业分化程度高于女性农民;在具体分化的职业类别上,男性较多从事工业和建筑业,而女性从事服务业和乡村干部及专业技术工作的比例明显高于男性。其次,年轻人比年老者职业分化比例高,但各年龄段农民兼业比例相当;相对来说年轻农民多向工业、建筑业、服务业分化,而年纪相对较大的农民从事乡村干部和专业技术工作比例较高,中年人从事个体经营最多。再次,随着农民文化程度的增高,分化比例相应上升,而兼业比例下降;文化程度越高,该群体农民进入的非农职业领域越多,也即分化空间越大,广度越宽。最后,单身农民比已婚农民分化比例高而兼业比例低。

在家庭特征方面:家庭耕地面积较多的农民进行职业分化的比例有所下降,兼业者明显减少。家庭中儿童数量较多的农民兼业者较多。

第二,职业分化城乡区域不同的农民体现出不同的特点。

在个人特征方面:首先值得注意的一点是,与男性相比,女性相对来说职业分化的阻碍更大一些,但对于已分化的农民,进城从事非农职业的农民性别差异并不明显。年轻人比年长者更多进城从事非农职业，其中30—40岁青壮年职业分化目标区域以小城镇为主，而30岁以下农民分化区域以城市为主。文化水平越高，进城分化的比例也越高。农民职业分化在城乡区域方面婚姻的差异不明显，但已婚者多倾向于在乡村或附近小城镇谋职，而单身者更多流向大城市。

在家庭特征方面：进城分化的农民家庭中需要照顾的儿童和老人数量相对较少。家庭耕地面积较多的农民倾向于在乡村和小城镇就近分化。

4. 农民职业分化行为受到多种因素的推动和制约

第一，影响农民职业分化程度的微观因素主要包括性别、年龄、婚姻状况、文化程度、家中的儿童和老人数量、家庭所处地区的开放程度及附近企业的数量等。具体如下：

在农民职业分化过程中，男性占据明显优势；文化程度高的农民往往拥有更高的技能水平和就业资本，有利于农民职业分化，不过在当前农民职业分化多数集中于低层次初级岗位的情况下，该因素对农民职业分化的影响不如应有的那么显著；年龄越大，分化越困难；已婚者比未婚者受到更多的分化约束；农民家庭耕地面积增加，农民职业分化的意愿和行为减少；家中儿童和老人较多，农民往往有更高的分化意愿和行为；家庭所处地区为信息开放、经济发达区域，则农民职业分化比例也大；家庭附近企业较多，则农民分化比例也较大；当前农民职业分化已越来越普遍，分化网络对于农民非农就业已不再像过去那样重要。

第二，影响农民职业分化城乡选择的微观因素主要包括性别、年龄、文化程度、家中的老人和儿童数量、家庭所处地理位置、分化网络及村内企业等。各因素对农民职业分化行为的影响方向与强度为：

性别对农民进城从事非农职业具有一定的影响，进城分化的农民男性多于女性；年龄对农民进城职业分化具有负向影响，年龄越大，外出的动机越弱，阻碍越多；文化程度对农民进城分化具有正向影响；家中的老人和儿童数量越多，农民越倾向于就近分化；农民家庭距离县城的距离对农民进城分化具有较弱的正向影响；农民家庭所处地理位置越是开放、发达，农民越容易走进城镇进行分化；分化网络对于农民外出就业非农产业具有非常显著的促进作用；村内企业越多，农民进城分化越少。

5. 农民职业分化的人力资本投入报酬水平偏低

通过职业分化行为，分化程度不同的农民和分化区域不同的农民进入的行业有所差别。从人力资本投入收益率角度来看，当前我国农民职业分化的人力资本投入报酬水平整体偏低，但不同分化类别的农民具有较为显著的差异。务农的人力资本投入收益水平最低，兼业和全职从事非农职业的较高，尤其是兼业。这不仅在一定程度上说明了为什么当前从事农业的多为老年人，也为兼业现象的存在找到了根据。同时，该测算结果证明，要想提高农民的收入水平和职业分化能力，需要设法提升农民的人力资本含量，随着农民人力资本的提升，农民的职业专业化水平也将提升，从而专职从事农业或非农产业的人力资本投入收益率将会提升，进而生产要素会更加集中，农业现代化的实现将会具备条件。

第二节 政策意义

农民职业分化是历史的必然趋势，它关乎几亿农民的民生问题，关乎国家就业和统筹发展。因此可以说，要想实现国家现代化，必须推进农民的职业分化。这是关于农民职业分化问题应达成的基本共识和总的政策导向。虽然前途是光明的，但是农民职业分化过程中也遇到了种种困难和障碍，包括来自农民自身的限制、空间和时间的限制、信息和交通等外在条件的限制，也包括来自经济和社会发展阶段、当前的政策和体制带来的障碍等。要想消除这些困难和障碍，需要一个长期的过程，这决定了农民职业分化的发展也是一个长期的历史过程。推动农民职业分化，要遵循的最基本的原则就是尊重客观历史规律，尊重市场规律，尊重农民自身意愿，循序渐进引导和规范，不能单凭行政干预方式强制推进。

依据本书研究结论，在现代化进程中推动农民职业分化，建议通过以下措施来实现：

1. 深化相关制度改革，解除农民职业分化的阻力

当前阻碍农民职业分化的宏观因素主要来自各种制度的限制。其中最主要的就是城乡分割的户籍制度。将农村与城市分割开的户籍制度的存在是造成农民身份转变难度如此之大的根本原因。虽然到目前为止，城市的许多偏向政策都得到不同程度的改革，但只要户籍制度存在，就存在政策反复的可能性[①]。在加快城镇化发展步伐的同时，逐步改革户籍制度，解除农民进城长期稳定分化的阻碍。建议从进城农民市民化入手，让进城就业的农民工能够获得真正的城市居民身份。当然，彻底废除户籍制度的不合理功能才是改革的真正目标[②]。

在当前的安排下，农村来的新城市居民在离开他们的家乡时，依然被允许拥有责任田，土地能够在经济萧条时成为农民生存保障的最后一道防线，并能成为农民养老和还乡的重要依托[③]。很多关于农村劳动力流动转移和农民职业分化的研究都表明，土地制度是影响农民职业选择及其彻底性的一个重要因素。如何让农民放心地离开土地从事非农职业，应是将来改革的重点。积极探索和完善土地制度，在坚持家庭承包经营和保障农民权益的前提下，按照农民自主自愿的原则，进行土地流转方式和制度的创新，例如推行土地股份制，农民以土地折股，建立土地股份合作社，并规定相应的撤股条件。

除此之外，相关的各项保障制度、劳动力市场制度等也应同步完善。要想使进城就业的农民分化具有稳定性，除了改革户籍和土地制度外，还应在住房、教育、医疗、养老和劳动保障等各项福利政策上，让其真正享受与市民同等的待遇，彻底割断分化农民与土地的关系，并促进农民举家整体迁移。根据本研究调查，很多农民表示职业分化的困难在于缺乏工作信息和工作的能力与自信。当前劳动力供求信息在城乡之间和地区之间仍沟通不足，农民非农就业存在信息匮乏和信息时效性问题，因此农民寻求非农就业机会多处于自发和无序的状态。因此，应建立健全城乡一体化的劳动力市场信息网络，将政府、劳动力的供需双方以及其他所有相关组织和个人都纳入这个体系当中，形成规范便捷的、覆盖城乡的网络。

---

① 蔡昉：《中国人口与流动问题报告》，社会科学文献出版社2002年版。
② 葛晓巍：《市场化进程中农民职业分化及市民化研究》，博士学位论文，浙江大学，2007年，第178页。
③ 李强：《影响中国城乡流动人口的推力与拉力因素分析》，《中国社会科学》2003年第1期。

2. 加大农村人力资源培养力度，提高农民素质和职业分化能力

根据研究结论，从整体来看，我国农民整体素质和技能水平低下，是制约其职业分化的一个主要因素；从个体来看，实证研究也证明农民个人素质是影响其职业分化的关键因素。同时，农民人力资本含量提高，才会提高其人力资本投入收益水平。因此，只有提高农民的素质，才能提高其职业分化的速度和就业层次。主要应从以下两方面入手：

第一，加大科教力度，整体提升农民受教育水平。一方面优化整合农村教育资源，建立省、市、县、乡四级办学体系[①]；另一方面在重点加大政府对农村教育的投入力度的基础上，建立政府、企业、集体、农民个人和社会力量共同参与的多元投资兴办教育机制，鼓励海外侨胞、城乡经济大户、以自办联办或捐资的方式发展农村教育[②]。

第二，大力发展农村职业教育和农民培训。一方面大力兴办农村职业教育，培养和提高农民专业技术素质。具体模式包括企业带动模式、创业培植模式、学校教育模式、就业带动模式、农业推广模式等。[③] 另一方面，采用各种形式加强农民职业技术培训，提高其职业分化能力。应坚持"培训"与"就业"紧密联系的原则，开办符合劳动力市场需求的具有实用性和技能性的课程。同时，可鼓励用人企业、社会团体等组织广泛加入农民职业培训体系，拓宽农民职业培训渠道，并切实注重农民职业培训的明确性和实效性，避免其成为形式上的安排，发挥真正的作用[④]。

3. 大力发展二、三产业，为农民职业分化提供空间

从发展中国家工业化过程的一般进程来看，当前我国城市工业化已经基本完成，到了工业反哺农业的阶段。根据前文分析，工业化是农民

---

① 杨乐乐：《影响农民非农就业的微观因素分析——基于全国7506个样本的实证研究》，《西华大学学报（哲学社会科学版）》2010年第6期。

② 陈玉浩、谢惠民：《农村剩余劳动力转移问题研究》，《陕西农业科学》2009年第1期。

③ 徐丽丽：《试论农民阶层分化对农村职业教育的影响》，《中国成人教育》2007年第7期。

④ 郭玉云、袁冰：《新疆农村职业分化的现状、问题及对策——以乌鲁木齐县X村为例》，《新疆社会科学》2010年第2期。

职业分化的原因,而第三产业具有较大的发展和吸纳劳动力的空间,据调查,在所有农村外出劳动力中,第三产业就业的比重基本在50%以上,但所有行业中,在工业就业的比重最高①。因此,应重新安排服务业的空间和经济分布,重点推动第三产业的快速增长,为农民提供更多的非农就业机会。此外,应大力发展农村经济,拓宽农民职业分化的本土空间。根据研究结论,受到家庭等因素的制约,很多农民选择就近分化。因此应在发展城市工业的同时,鼓励发展农村工业,增加乡村非农就业机会。重点是两个:一是走新型工业化发展道路,在转变经济增长方式的同时,在工业园区企业中大力发展劳动力密集型产业②,发挥其吸纳农村庞大劳动力的功能;二是加快发展农产品加工业,长期以来我国形成的由农村生产原料、城市进行加工的格局,割断了农产品加工业与农业的有机联系,不仅造成农产品原料损耗大,加工成本高,也不利于农业生产的发展③。农业企业应将发展农产品加工业作为再次创业的突破口,不断延长农业的产业链,将对农业产前和产中劳动的重视延伸到产后的加工,以谋求发展机会,并为农民提供更多的职业分化机会。

4. 实施城镇化战略,加快农民职业分化

我国城镇化率首次超过了50%,但相对于我国的工业发展水平,仍然偏低。根据前文对于农民职业分化与城镇化相互关系的研究发现,二者互为原因。因此在现代化进程中,要推动农民职业分化,应继续推动城镇的发展。大城市无疑具有要素聚集和规模效应,因此应增强城市对农村人口的吸纳能力。在增强城市吸纳容量的同时,还应重点加大小城镇建设力度。早在20世纪80年代,就有学者提出建设小城镇这一议题,并且引起了当时党中央的重视。小城镇具有规模小、灵活性强等优点,它位于城市之尾、农村之首,是连接农村与城市的过渡地带,可以

---

① 全国农村固定观察点办公室:《农村发展:25年的村户观察》,中国农业出版社2012年版。

② 冉志、郑万军:《我国农民职业分化探析》,《江南大学学报》(人文社会科学版)2006年第1期。

③ 陈玉浩、谢惠民:《农村剩余劳动力转移问题研究》,《陕西农业科学》2009年第1期。

有效地缓解城乡之间的割裂状况①。根据前文研究,乡村城市化也即发展小城镇,具有得天独厚的优势,不仅能够缓解大城市的人口和就业压力,而且经济发展较好的小城镇,对于农民具有很强的吸引力。根据对河北省一些地区的调查发现,乡村工业和经济发展好,并逐渐形成小城镇的地区,农民绝大多数不愿离开本地,并且具有较高的职业满足感和生活满意度。因此,发展小城镇不仅能够解决加快城市化的问题,还能助推农民职业分化。可通过建立工业园区等方式,引导民营企业适度集中,通过工业的发展带动小城镇建设、帮助农民实现分化。

5. 培育新型职业农民,加快农业现代化步伐

当前我国现代化进程中的重点和薄弱环节就是农业现代化的发展。农民职业分化并非意味着让农民都分化到非农产业中去,也不应是当前这种素质较高的农民去从事非农职业,留下妇女老人和素质较低的人来务农的现状。而是使农民在各个产业中进行更为合理的流动和重组,提高农业的经营效率。根据调查,许多农民甚至是大学生,是有意向发展和经营现代农业的。因此,在促进农民向非农行业进行职业分化的同时,应加速农民职业化进程,吸引和培养拥有较高素质和技能的农民成为新型职业农民。一方面,通过建立和健全各项补贴、保障和优惠制度,改革户籍制度,创新和完善农业生态环境补偿制度、大学生和返乡农民工创业扶持制度等,并通过农业经营方式的改变和比较收益的增加,吸引优秀人才经营农业,逐步建立起人力资本归农制度②。另一方面,在不断探索和深化土地制度改革的基础上,建立试点,逐步试行和推广土地银行和土地合作社等各种灵活的土地承包和经营形式,扩大农业经营规模,同时,细化农业经营流程,培养农业职业经理人和专业操作手,提高农业生产的专业化、品牌化和收益率。可加快农业产业集群和产业园区的培育,强化各类组织对一般农户的辐射带动作用,同时鼓励发展各种农业社会化服务组织,提高农业经营的社会化服务程度。

---

① 郭玉云、袁冰:《新疆农村职业分化的现状、问题及对策——以乌鲁木齐县X村为例》,《新疆社会科学》2010年第2期。

② 孙迪亮:《新农村建设背景下的农民职业化问题研究》,《石河子大学学报》(哲学社会科学版)2012年第5期。

第三节 培育新型职业农民

越来越多的农民已经或正在分化到各行各业中,为我国工业化和城镇化的发展提供了基础,也为国家迈向现代化、跻身世界前列提供了保障。根据各国历史经验,农民职业分化的加速证明我国的经济和社会在前进。但同时,农民职业分化过程中存在的问题也向我们提出了挑战:一是"明天谁来种田"即还有没有人务农;二是"如何种好田"即如何保证农业现代化的实现。而农民职业化是我国农业由传统农业向现代农业转变的需要,也是我国农民走出传统身份束缚的最终之路[①]。也即这些问题的解决,根本出路在于培育一支稳定的新型职业农民队伍。

2012年,回良玉副总理在全国现代农业建设现场交流会上,对新型职业农民作了系统表述:以农业为职业、占有一定的资源、具有一定的专业技能、有一定的资金投入能力、收入主要来自农业。从主体来源看,职业农民主要包括种养大户、家庭农场主、合作社和专业化服务组织以及农业龙头企业带头人、返乡青年农民工、院校毕业生等。根据新型职业农民的活动内容,可分为生产型(如种养大户)、经营型(如农业经纪人)、服务型(如植保员、农机手)、综合型等类型(如家庭综合农场、合作社等)。

本书将"新型职业农民"定义为:有文化、懂技术、会经营的,将农业生产和经营作为其终身职业和主要收入来源,充分利用市场机制和现代农业经营方式,以期实现利润最大化的理性经济人。从类别上来讲,新型职业农民应该包括家庭农场主或种养大户、农业经纪人、职业农耕手等。从能力素质看,主要包括三个方面:一是生产经营能力,具备系统的现代农业生产和经营管理知识,掌握先进耕作技术,善于使用现代物质装备,能够根据市场需求选择生产品种和种植规模;二是科学发展理念,熟悉农业农村政策法规,注重可持续发展,重视生态环境保

---

① 徐丽丽:《试论农民阶层分化对农村职业教育的影响》,《中国成人教育》2007年第7期。

护，不单纯追求利润最大化，能够提供优质安全农产品；三是社会责任意识，在持续提供数量充足农产品的同时，节约土地、保护水源、防止污染，为社会和后代留下美丽乡村。

培育新型职业农民关乎农业农村发展的方向和全局，已经成为推进我国现代农业建设的一项基础工程和战略任务。培育新型农民，主要应从以下几个方面开展工作：

1. 建立教育培训制度

一是突出务农农民的教育培训，特别是具有一定文化基础和生产经营规模的骨干农民，他们是现实的生产经营主体，是培育新型职业农民的基本人群，自然是教育培训的重点对象。二是着眼农业后继者的教育培训，研究和探索如何培养爱农、懂农、务农的农业后继者，使一部分年轻人愿意在农村留下来搞农业。制定相关政策，鼓励、引导、吸引农业院校特别是中、高等农业职业院校毕业生回乡创业当新型职业农民；制定相关政策，在中、高等农业职业院校试办"新型职业农民学院"或专门专业，招录农村有志青年特别是种养大户、家庭农场主、合作社领办人的"农二代"，培养新生代新型职业农民。返乡农民工和农村退伍军人，也是农业后继者的教育培训对象，也需要研究制定有效的政策措施。三是着力认定后的新型职业农民的经常性教育培训，研究和探索建立与干部继续教育、工人岗位培训类似的新型职业农民全员经常性教育培训制度，明确教育培训内容、时间、方式、机构和经费保障等。开展全员经常性教育培训，让每一个新型职业农民及时了解和掌握农业产业政策的调整、农业科技的进步和农产品市场的变化，帮助他们搞好农业生产经营活动。

不同的职业农民群体应当采取不同的教育培训模式，根据需要制订培训计划。同时应做到职业教育与短期培训并重，系统培养和经常化知识更新相结合。鼓励提供"一对一"的个性化指导和跟踪服务，确保教育培训质量。

鼓励各类教育培训主体开展新型职业农民的培训，包括体系全、覆盖面广、贴近基层、农民教育培训经验丰富的农业广播电视学校，有技术、有师资、有条件的农业院校、科研院所和农技推广机构，以及有实训基地的农业企业和农民专业合作社等。在新型职业农民教育培训中，各地应当充分调动各方面积极性，形成纵横交错、优势互补，技术、师资、条件和能力相配套的职业农民教育培训格局，协同开展职业农民教育培训工作。

新型职业农民的活动不限于农业生产领域，还涉及农产品销售、市场开拓、品牌建设、土地规划与利用、农业项目的承担、农产品的储存与加工等。现代农业要求新型职业农民具有现代的责任、效率观念、现代的开放、创新与科技意识。

2. 认定管理办法

目前职业农民培育的顶层设计相对缺失。推行农业从业资格准入制度的法律环境缺失。发达国家普遍实行严格的农业职业准入制度，获得职业资格证书方能具备继承、购买或独立经管农场的资格，同时还可以享受国家农业补贴和贷款优惠。农民在我国是户口型、身份型的标记，务农是维持生计的方式和"无奈的世袭"，生产是自给自足的小农经济模式，农业从业资格准入迫切需要法律的保障和约束。

只有对新型职业农民进行认定，才能确认新型职业农民，才能扶持新型职业农民，才能服务新型职业农民。借鉴法国"绿色证书"和日本"农业技术之匠"的做法，我国也需要对农民职业技能及从业资格有所考虑，同时与财政、金融、土地等扶持政策联系起来。这可能有利于促进现代职业农民队伍形成，也有利于激励有志青年学生到农村从事农业。

对新型职业农民进行认定管理，既有利于明确教育培训对象和目标要求，也有利于保障新型职业农民优先享受优惠政策，以及有效履行社会义务。

3. 完善支持扶持政策

主要研究支持新型职业农民发展、扶持新型职业农民生产经营的政策措施，包括土地流转、基础设施建设、金融信贷、农业补贴、农业保险、社会保障等。一是现有的特别是新增的强农惠农富农政策；二是支持扶持当地农业产业特别是主导产业、优势产业发展的政策措施；三是各级政府要采取措施促进新型职业农民队伍的形成和稳定；四是提高新型职业农民参加社会保险的比例，促进公共政策与职业农民的挂钩。从各方面进行支持扶持是发达国家农民职业道路的通行做法。

扶持政策重点要从以下几个方面进行探索：一是土地流转，在所有权确权、保障农民权益的基础上，创新土地流转机制，鼓励成规模的土地向新型职业农民流转集中。二是生产扶持，要在稳定现有各项惠农政策基础上，将新增的农业补贴向新型职业农民倾斜。三是金融信贷，要持续增加农村信贷投入，建立担保基金，解决新型职业农民扩大生产经营规模的融资困难。四是农业保险，要扩大对新型职业农民的农业保险险种和覆盖服务标准等。

第四节 有待进一步研究的问题

（1）由于经费条件和学生调查员地区分布的限制，本书的微观研究数据主要来源于河北省的调查，数据所反映的问题可能具有一定的局限性，不能完全反映全国各个地区的所有情况，因此，在一定程度上使本研究的地域覆盖面和代表性稍有欠缺。今后如有条件，可尽量覆盖全国，并重点研究东部和西部一些相对具有典型性的区域。

（2）研究主要从经济学角度出发，因此心理学和人文社会科学等角度的变量未完全纳入研究中，如心理因素、观念因素和子女教育等，这些因素在将来的研究中可考虑进一步纳入综合模型。

（3）本研究对农民的职业分化主要着眼于静态角度，今后的研究可将农民职业分化的职业流动纳入考虑范畴之内。

参考文献

1. 蔡昉：《中国人口与流动问题报告》，社会科学文献出版社 2002 年版。
2. 曹金波、杨成胜：《关于柴码村农民分化的研究》，《长沙铁道学院学报》（社会科学版）2003 年第 4 期。
3. 曹敏、马建明、闫佼丽：《陕西工业化与城市化进程中农村劳动力的转移——以新中国成立到 21 世纪初为例》，《西安工程大学学报》2012 年第 2 期。
4. 陈家骥：《论中国农民的分化与流动》，《晋阳学刊》1995 年第 2 期。
5. 陈会广、单丁洁：《农民职业分化、收入分化与农村土地制度选择——来自苏鲁辽津四省市的实地调查》，《经济学家》2010 年第 4 期。
6. 陈会英、周衍平、赵瑞莹：《农业现代化研究》1996 年第 5 期。
7. 陈盛千：《农民职业分化的调查与研究——以江西寻乌为例》，《江西农业学报》2009 年第 6 期。
8. 陈秀：《青岛地区农民职业分化微观影响因素的实证分析》，硕士学位论文，青岛农业大学，2008 年。
9. 陈玉浩、谢惠民：《农村剩余劳动力转移问题研究》，《陕西农业科学》2009 年第 1 期。
10. 程名望：《中国农村劳动力转移：机理、动因与障碍——一个理论框架与实证分析》，博士学位论文，上海交通大学，2007 年。
11. ［美］丹尼尔·贝尔：《后工业社会的来临》，高铦、王宏周、魏章玲译，商务印书馆 1986 年版。
12. 董树彬、赵艳芳、赵娜：《河北省农民分化状况与对策》，《石家庄经济学院学报》2008 年第 1 期。

13. 费景汉、拉尼斯:《劳动力剩余经济的发展》,王月等译,华夏出版社 1989 年版。

14. 付少平、张琳、荆峰:《农民的分化与农业的变迁》,《农业考古》1999 年第 3 期。

15. 格尔哈特·伦斯基:《权力与特权:社会分层的理论》,关信平等译,浙江人民出版社 1988 年版。

16. 葛晓巍:《市场化进程中农民职业分化及市民化研究》,博士学位论文,浙江大学,2007 年。

17. 巩素萍:《农民分化的必然趋势及政策引导》,《山西农经》2003 年第 4 期。

18. 郭庆海:《我国农村家庭经营的分化与发展》,《农业经济问题》2000 年第 5 期。

19. 郭亚梅:《吉林省粮食主产区农民分化问题研究》,硕士学位论文,吉林农业大学,2006 年。

20. 郭玉云、袁冰:《新疆农村职业分化的现状、问题及对策——以乌鲁木齐县 X 村为例》,《新疆社会科学》2010 年第 2 期。

21. [美] 哈罗德·R. 克尔柏:《社会分层与不平等——历史、比较、全球视角下的阶级冲突》,蒋超等译,上海人民出版社 2012 年版。

22. 赫广义:《城市化进程中的农民工问题》,中国社会科学出版社 2007 年版。

23. 洪睿:《被征地农民再就业及职业分化问题研究》,硕士学位论文,浙江大学,2009 年。

24. 华声报:《经济观察:中国第三产业发展为何慢一拍?》,2000 年 7 月(http://finance.sina.com.cn/view/general/2000 - 07 - 01/39210.html)。

25. 黄平、[英] E. 克莱尔:《对农业的促进或冲击——中国农民外出务工的村级研究》,《社会学研究》1998 年第 3 期。

26. 季丹虎:《英国工业化过程中农村劳动力产业间转移的次序及对我国的启示》,《生产力研究》2007 年第 2 期。

27. 姜长云:《农村非农化过程中农户(农民)分化的动态考察——以

安徽省天长市为例》,《中国农村经济》1995年第9期。

28. 姜海燕、李英忠:《关于小三家子村农民职业分化的调查与思考》,《黑河学刊》1995年第3期。

29. 蒋红奇:《我国农村劳动力转移与城市化进程的动态分析》,《湖南财经高等专科学校学报》2007年第105期。

30. 蒋尉:《德国工业化进程中的农村劳动力流动、机理、特征、问题及借鉴》,《欧洲研究》2007年第1期。

31. 金榜:《农村职业分化状况及其社会影响》,《社会学研究》1986年第5期。

32. 金一虹:《农村妇女职业分化研究》,《学海》1995年第2期。

33. 景普秋、陈甬军:《中国工业化与城市化进程中农村劳动力转移机制研究》,《东南学术》2004年第4期。

34. 孔淑红:《农村剩余劳动力转移对产业结构高级化的影响》,中国经济出版社1999年版。

35. 李强:《影响中国城乡流动人口的推力与拉力因素分析》,《中国社会科学》2003年第1期。

36. 李雪、穆利军:《社会学视角下农民职业分化的功能分析——以安徽省六安市花园村为例》,《传承》2008年第5期。

37. 李逸波、彭建强、赵邦宏:《中国农民职业分化现状分析》,《调研世界》2012年第10期。

38. 林元:《当代中国农民的职业分化》,《华东经济管理》2001年第2期。

39. 刘朝峰、王尚银:《改革开放以来职业分化的路径与动力——以浙江省为例》,《赤峰学院学报》(汉文哲学社会科学版)2012年第3期。

40. 刘洪仁:《我国农民分化问题研究》,博士学位论文,山东农业大学,2006年。

41. 刘江:《21世纪初的中国农业发展战略》,中国农业出版社,2000年版。

42. 刘李胜、谭向军、姬文婷:《中外支柱产业的振兴之路》,中国经济出版社1997年版。

43. 刘涛：《水族农民职业分化的调查与研究——以南丹县龙马庄为例》，《文山师范高等专科学校学报》2006年第4期。
44. 郭熙保：《发展经济学经典论著选》，中国经济出版社1998年版。
45. 陆学艺：《重新认识农民问题——十年来中国农民的变化》，《社会学研究》1989年第6期。
46. 陆学艺：《当代中国社会阶层研究报告》，社会科学文献出版社2002年版。
47. 罗仑、景甦：《清代山东经营地主经济研究》，齐鲁书社1984年版。
48. 马克思、恩格斯：《马克思恩格斯选集》，中共中央编译局译，人民出版社1974年版。
49. 马克斯·韦伯：《经济与社会》，林荣远译，商务印书馆1999年版。
50. 麦音华、彭秀建：《估算中国农村剩余劳动力数量——动态一般均衡分析》，2010年12月（http：//article.yeeyan.org/view/147927/160542）。
51. 牟少岩：《农民职业分化的影响因素研究》，博士学位论文，山东农业大学，2008年。
52. 牟少岩、仇焕广、陈秀、张珍：《自身因素对农民职业分化的影响》，《农村经济与科技》2007年第9期。
53. 牟少岩、仇焕广、陈秀、张珍：《影响我国农民职业分化的宏观及微观因素分析》，《农业经济》2007年第10期。
54. 欧阳青、叶淑英：《新时期农民分化问题的探讨》，《江西农业学报》2007年第5期。
55. 彭荣胜：《农村劳动力转移与城市化》，《商业研究》2009年第7期。
56. 戚斌：《对陆良县农民职业分化的调查与研究》，《云南学术探索》1995年第4期。
57. 秦雯：《农民分化、农地流转与劳动力转移行为》，《学术研究》2012年第7期。
58. 全国农村固定观察点办公室：《农村发展：25年的村户观察》，中国农业出版社2012年版。
59. 冉志、郑万军：《我国农民职业分化探析》，《江南大学学报》（人文社会科学版）2006 年第 1 期。

60. 任国强：《人力资本对农民非农就业与非农收入的影响研究》，《南开经济研究》2004 年第 3 期。

61. 山东省农调队课题组：《农村劳动力就业与转移问题研究》，中国农业出版社 2007 年版。

62. 盛来运：《流动还是迁移——中国农村劳动力流动过程的经济学分析》，上海远东出版社 2008 年版。

63. 搜狐新闻：《权威报告预计 2015 中国完成第一次现代化》，2007 年 1 月 29 日（http：//news.sohu.com/20070129/n247894039.shtml）。

64. 孙迪亮：《新农村建设背景下的农民职业化问题研究》，《石河子大学学报》（哲学社会科学版）2012 年第 5 期。

65. 孙小贞：《现阶段农民阶层分化及其具体原因》，《湖北省社会主义学院学报》2007 年第 6 期。

66. 孙瑶：《妇女与印度社会经济的发展》，《南亚研究季刊》1996 年第 2 期。

67. 王东平：《城市化进程中农村女性劳动力流动转移问题研究》，博士学位论文，河北农业大学，2010 年。

68. 王文信、徐云：《农民工就业影响因素分析——对安徽阜阳农村的调查》，《农业经济问题》2008 年第 1 期。

69. 温莲香：《农民阶层分化与"三农"问题的思考及对策》，《理论与现代化》2006 年第 1 期。

70. 吴勉、卿卫东：《加拿大农业及农村信息服务——赴加拿大考察侧记》，《广西农学报》2003 年第 1 期。

71. 吴庆国：《浅谈农民职业分化与其素质提高的相关性》，《黑龙江史志》2008 年第 6 期。

72. 谢培秀：《关于中国农村剩余劳动力数量的估计》，《中国人口资源与环境》2004 年第 1 期。

73. 徐丽丽：《试论农民阶层分化对农村职业教育的影响》，《中国成人教育》2007 年第 7 期。

74. 阎志民：《中国现阶段阶级阶层研究》，中共中央党校出版社 2002 年版。

75. 杨乐乐：《影响农民非农就业的微观因素分析——基于全国 7506 个样本的实证研究》，《西华大学学报》（哲学社会科学版）2010 年第 6 期。
76. 易丹辉：《数据分析与 EVIEWS 应用》，中国人民大学出版社 2008 年版。
77. 殷晓清：《农民的职业化——社会学视角中的三农问题及其出路》，南京师范大学出版社 2005 年版。
78. 于华：《中国农民分化问题浅析》，硕士学位论文，河南大学，2005 年。
79. 岳花艳：《农民分化背景下的新型农村社会养老保险模式探析》，《现代农业》2009 年第 11 期。
80. 张雅丽、张莉莉：《工业化进程中农村劳动力转移"合力模型"的构建》，《经济问题》2009 年第 9 期。
81. 张艳：《我国农民的职业分化与养老保障的路径选择——基于年龄分层视角的分析》，《华中农业大学学报》（社会科学版）2009 年第 6 期。
82. 张珍、陈锦铭、仇焕广：《影响农民职业分化的经济因素探析》，《安徽农业科学》2008 年第 5 期。
83. 赵红军：《交易效率、城市化与经济发展》，上海人民出版社 2005 年版。
84. 中共中央政策研究室、农业部农村固定观察点办公室：《对农民职业分化的调查》，《中国农村经济》1994 年第 3 期。
85. 中国城市、农村社会变迁的实证研究课题组：《一个山村的农民职业分化——对农民结构变迁的个案研究》，《农村经济与社会》1993 年第 5 期。
86. 中国广播网：《几次现代化分别靠哪些指标来"评价"？》，2007 年 1 月（http://news.sohu.com/20070128/n247886613.shtml）。
87. 周加来、曹强：《中国农村劳动力转移与城市化进程研究》，《武汉职业技术学院学报》2007 年第 1 期。
88. 周世强：《农民分化对城乡二元结构变迁趋势的影响》，《山东省农业管理干部学院学报》2010 年第 2 期。

89. Arunava Bhattacharyya E. P. , "Labor productivity and migration in Chinese agriculture A stochastic frontier approach," *China Economic Review*, Vol. 10, 1999.

90. Bao Q. W. , "Rural-Urban Migration and its Impact on Economic Development in China," *Avebury*, Vol. 8, No. 2, 1996.

91. Cook S. , *Employment and Income Distribution in Rural China: Household Responses to Market Transition*, Harvard: Harvard University, 1996.

92. Findley S. E. , *Rural Development and Migration: A Study of Family Choices in the Philippines*, London: Westview Press, 1987.

93. Gustav Ranis J. C. H. F. , "A Theory of Economy Development," *The American Economic Review*, Vol. 51, No. 4, 1961.

94. Hare D. , "The Determinants of Job Location and Its Effect on Migrants' Wages: Evidence from Rural China," *Economic Development and Cultural Change*, Vol. 50, No. 3, 2002.

95. Hare, D. , "'Push' versus 'pull' factors in migration outflows and returns: Determinants of migration status and spell duration among China's rural population," *The Journal of Development Studies*, Vol. 35, No. 3, 1999.

96. Heckman J. J. , *The Incidental Parameters Problem and the Problem of Initial Conditions in Estimating a Discrete Time-Discrete Data Stochastic Process*, Cambridge: MIT Press, 1981.

97. Huffman W. , *Human Capital: Education and Agriculture*, 2001.

98. Jeff Taylor, "Rural employment trends and the legacy of surplus labour, 1978 – 1986," *China Quarterly*, Vol. 139, 1988.

99. John C. h. fei G. , *Growth andDevelopmentfrom an EvolutionaryPerspective*, Oxford: BlackwellPublishers Ltd. , 1999.

100. John Knight, Lina Song, "Chinese Peasant Choices: Farming, Rural Industry or Migration," *Oxford Bulletin of Economics and Statistics Under Review*, Vol. 31, No. 2, 2003.

101. Jorgenson D. , "The Development of a Dual Economy," *Economic Journal*, Vol. 71, No. 282, 1961.

102. Knight J. S. L., "Towards a labour market in rural China," *Oxford Review of Economic Policy*, Vol. 11, No. 4, 1995.

103. Knight J. S. L., *Chinese peasant choices: migration, rural industry or farming*, University of Oxford: Institute of Economics and Statistics, 1996.

104. Knight J. L. S. H., "Chinese Rural Migrants in Urban Enterprises: Three Perspectives," *Journal of Development Studeis*, Vol. 35, 1999.

105. Lewis A., "Economic Development with Unlimited Supplies of Labor," *Manchester School*, Vol. 22, No. 2, 1954.

106. Michael P. Todaro, "A Model of Labor Migration and Urban Unemployment in Less Developed Countries," *American Economic Review*, Vol. 21, No. 5, 1969.

107. Mohapatra S. R. S. H., *Evolution of Modes of Production During Development: Evidence from China*, Los Angeles: 2000.

108. Oded Stark, Taylor J. E., "Relative deprivation and international migration oded stark," *Demography*, Vol. 26, No. 1, 1989.

109. Roberts K., "The determinants of job choice by rural labor migrants in Shanghai," *China Economic Review*, Vol. 12, 2001.

110. Rozelle A. Z. C. E., "Migration And Local Off-Farm Working In Rural China", *American Agricultural Economics Association Annual Meeting*, U. S. A.: Denver, 2004.

111. Sjaastad L. A., "The Costs and Returns of Human Migration," *Journal of political Economy*, Vol. 70, No. 5, 1962.

112. Song S. Z. K. H., "Rural-urban migration and urbanization in China: Evidence from time-series and cross-section analyses," *China Economic Review*, Vol. 14, No. 3, 2003.

113. Stark O., "Path Dependence and Privatization Strategies in East Central Europe," *East European Politics and Societies*, Vol. 6, 1991.

114. Stark O., "Path Dependence and Societies Strategies in Eastern Europe," *East European Politics and Societies*, Vol. 6, 1991.

115. Stark O. T. J. E., "Relative Deprivation and International Migration,"

Demography, Vol. 26, No. 1, 1989.

116. Tuan F. A. S. X., 14*Rural labor migration, characteristics, and employment patterns: A Study Based on China's Agricultural Census*, 2000.

117. Wlliam Mcguire B. F. I. S., *Off-Farm Employment Opportunities and Educational Attainment in Rural China*, 2009.

118. William L. Parish, Xiaoye Zhe, Fang Li, "Nonfarm Work and Marketization of the Chinese Countryside," *The China Quarterly*, Vol. 143, 1995.

119. Wooldridge J., *Simple Solutions to the Initial Conditions Problem in Dynamic, Nonlinear Panel Data Models with Unobserved Heterogeneity*, Michigan: 2002.

120. Yao Y., *Egalitarian Land Distribution and Labor Migration in Rural China*, 2001.

121. Zhao Y., "Leaving the countryside: Rural-to-urban migration decisions in China," *American Economic Review*, Vol. 89, 1999.

122. Zhao Y., *The Role of Migrant Networks in Labor Migration: The Case of China*, 2001.

附　　录

附录 A：访谈提纲

一、村落情况

1. 该村隶属什么市、什么县、什么乡/镇，距离县城有多远，是否距离某些工业或城市化发达的城镇较近（如有，是哪个或哪些城市？并指出有多远）。本村属于平原、山区、丘陵等？

2. 该村有多少亩田地，都是什么类型的（平原、山区、丘陵等）。村中的耕地面积为多少，其中水浇地面积多少？

3. 该村共有多少户，全村人口是多少，该村劳动人口有多少？

4. 该村有何特色产业？该村有几家乡镇企业？行业是什么？规模是多大？该村在本地乡镇企业就业的农民有多少人？平均工资是多少？

5. 该村有多少人从事农业以外其他行业？都是什么行业和职业？占全村人口比重是多少？其中外出务工者占全村人口比重是多少？外出务工者都到哪里务工？

6. 该村有多少家将土地包出或包入？［转出、转入户数、规模（面积）］

7. 该村有多少种植大户或养殖大户？其经营规模是多大？效益是多少？经营了多长时间了？在其经营过程中，主要的困难是什么？

8. 该村是否有过针对农民的职业技能培训？是什么组织举办的，内容是什么，最近 1 年内共有多少次，效果如何，居民反映如何？

二、个人基本情况

被调查者年龄、教育、婚姻、技能。

三、家庭基本情况

1. 家庭成员基本情况：老人、子女、配偶；
2. 家庭收入；
3. 家庭土地基本情况。

四、就业状况

1. 就业基本情况：原因、途径、区域（主要是城或乡）、行业、时间、选择专业务农/专职非农/兼业及其原因
2. 职业地位、工作满意度

五、生活状况

生活基本情况：收入、消费、生活满意度

六、个人经历及感受

1. 选择专业务农/专职非农/兼业的原因；选择进城务工或留乡原因
2. 对婚姻、生育、家庭事务的看法
3. 对当前工作、生活的感想
4. 对将来的打算（重点问其是想兼业还是专业，并且分别是什么行业；进城还是留乡以及原因）

七、对相关政策的感受及期望

1. 对土地、工资、各种保障、子女上学、工作环境、住房等问题的感受
2. 期望政府等部门做些什么

附录B：调查问卷

调查地点_____市_____（县级市）/县_____乡/镇_____村

一、个人及家庭基本情况

1. 年龄_____岁　性别_____　家庭人数_____人　家庭劳动力人数_____人
2. 您的文化程度：①未上过学　②小学　③初中　④高中或中专　⑤大专及以上
3. 您的受教育年限为_____年

4. 您与户主的关系是：
①户主 ②配偶 ③孩子 ④孙子 ⑤父母 ⑥（外）祖父母 ⑦兄弟姐妹 ⑧儿媳女婿 ⑨亲戚 ⑩其他（请说明）_____

5. 您的户口类型为：①农业 ②非农业 ③没户口

6. 您的婚姻状况？①已婚 ②单身

7. 您家离县城的距离是_____公里

8. 家庭所处地理位置：①山区 ②丘陵 ③平原 ④城市郊区

9. 您家的耕地面积为_____亩

10. 您家的儿童有_____个

11. 您家60岁以上老人有_____个

12. 您的职业：
（1）务农 （2）工厂工人 （3）建筑业工人 （4）矿业工人
（5）其他工人（请说明）_____ （6）企业管理人员（请选择：A最高领导 B中层干部）
（7）服务行业（美容，理发，餐厅服务员，司机，厨师，保安等）
（8）办事人员（请选择：A秘书，勤杂人员等非供销业务 B供销业务）
（9）村民委员会干部 （10）各类专业技术人员（请选择：A教师 B卫生 C法律 D教学）
（11）军人（请选择：A志愿兵 B非志愿兵） （12）其他（请说明）_____

13. 家庭收入来源：
2012年：   2005年：   2000年：   1995年：
1990年：_____

①纯农业（请选择：A种植业 B养殖业）
②商品性农业（即不但完全从事农业，而且农业经营的商品化程度较高）
③农业收入为主，非农产业经营或就业为辅
④农业收入为辅，主要从事非农产业经营或就业
⑤非农产业   ⑥不在业，靠救济等

14. 家庭主要收入来源：（可多选）

①种植业 ②养殖业 ③家庭手工业 ④打工

⑤个体经营 ⑥单位工资 ⑦其他_____

15. 2012年家中年总收入_____元

16. 2012年家中年总支出_____元

17. 您的家庭纯收入在你们村处于什么位置： ①中等偏上 ②中等 ③中等偏下

二、就业的一般情况（2012年）

18. 2012年是否干活儿（包括务农及非务农工作，上学除外）？①是 ②否

19. 如果2012没干活儿，原因是：

①年老 ②身体不好 ③待业 ④只做家务 ⑤上学 ⑥照顾老人、孩子

⑦其他（请说明）_____

20. 如果干活儿，每个月的平均工作时间是多少天（按每天8小时计算）？_____天

21. 2012年是否务农？①是 ②否

22. 平均每个月务农天数是_____天（假设每天平均务农8小时）

23. 最主要的非种养工作：

（1）如果有，是什么工作？（请填写第12题的选项号）_____

（2）2012年干了多少天？（按每天8小时）_____天

（3）该工作所获得的净现金和实物收入总计有_____元

24. 2012年的那些月中做过第23题所述的最主要的非种养工作？（多选）

（1）1月 （2）2月 （3）3月 （4）4月 （5）5月

（6）6月 （7）7月 （8）8月 （9）9月 （10）10月

（11）11月 （12）12月 （13）全年

25. 上题所述工作平均每月工作天数_____天

26. 上题所述工作平均每天工作_____小时

27. 到2012年年底为止，你在这个行业工作了_____年_____月

28. 上题所述的工作的工作单位类型是：
①企业　　②事业　　③机关　　④服务业　　⑤手艺人
⑥工程队　　⑦村干部　　⑧部队　　⑨其他（请说明）＿＿＿＿

29. 上题所述的工作的工作单位的性质是：
①国营　　②集体　　③私营　　④其他（请说明）＿＿＿＿

30. 您是如何获得该工作的？（家庭独立开办的企业除外）
①朋友介绍　　②中介　　③自己争取　　④政府组织
⑤企业来村招工　　⑥自营　　⑦其他（请说明）＿＿＿＿＿＿

31. 在您参加该工作之前，是否有其他亲属到该单位工作？
①是　②否

32. 您2012年工作地点是：
①本村　②本乡非本村　③本县非本乡　④本省非本县　⑤外省　⑥国外

33. 2012年所从事的该最主要非种养工作的收入：
（1）2012年现金总收入＿＿＿＿＿＿元（包括工资、奖金、津贴、补贴和补助等）
（2）2012年全年实物报酬＿＿＿＿＿＿元（包括平时发的劳保福利卫生用品、年节发的食品等各种实物）

34. 您认为您能到该部门工作的优势是什么？＿＿＿＿＿＿＿＿＿＿

35. 您认为您在该部门工作的劣势是什么？＿＿＿＿＿＿＿＿＿＿

三、其他问题

36. 您今后两年是否准备从事其他非农行业？①是　②否

37. 如果不打算今后两年从事其他非农行业，为什么？
①喜欢从事农业　　②现在的收入不错了　　③不具备从事其他行业的技能
④不知道如何找到其他工作　　⑤其他（请说明）＿＿＿＿＿＿＿＿

38. 如果您外出打工，原因是：
①家里劳力多，在家没事干　　②农村收入太少，城里挣钱多
③外出可开阔眼界，学习新技术和增长才干　　④城里生活便利，喜欢城市生活方式
⑤别人都外出，我也想外出

39. 关于土地流转：
（1）贵村是否允许土地流转？①是 ②否
（2）若允许，从哪一年开始？_____年
（3）对您有何影响？_____

40. 您在农业生产中的困难是：
①体力不够 ②缺农业科技知识 ③缺技能 ④缺资金 ⑤其他（请注明）

41. 您在农业生产遇到困难时如何解决？
①自己干 ②换工 ③雇工 ④亲戚朋友帮忙 ⑤租用机器 ⑥找技术人员

42. 如果从事农业的收入大于或等于从事其他行业的收入，您愿意从事农业吗？①是 ②否

43. 您以后的打算是：
①自己承包大量土地，科学种田 ②搞专业养殖
③发展其他产业 ④维持现状 ⑤有机会出去打工

44. 您期望的子女数是：
①不要孩子 ②1个孩子 ③2个孩子 ④3个及以上孩子

45. 您对抚育子女的态度是：
①吃好穿好、长大成人就行、不一定非上中学 ②一定要上完中学
③不论男孩女孩，一定要设法上大学 ④若不能上大学，一定让孩子学到一门技术

46. 您对当前的生活满意吗？
①非常满意 ②比较满意 ③基本满意 ④不太满意 ⑤很不满意

47. 您对当前的职业满意吗？
①非常满意 ②比较满意 ③基本满意 ④不太满意 ⑤很不满意

48. 您愿意将来定居到城市的原因是：
①为了让子女受到更好的教育 ②为自己有更大的发展
③因爱人在城市打工或工作 ④城市文明、生活质量高
⑤城市有更多的就业空间 ⑥为让父母享福
⑦亲戚朋友老乡都在城市 ⑧城市能挣更多的钱

49. 您不愿意将来定居到城市的原因是：
①现在收入不错、生活稳定就可以了　②家乡有熟悉的人事环境
③家乡环境好城里污染严重　④担心收入少在城里不能养活全家人
⑤怕遭城里人歧视　⑥户口不重要工作方便没必要定居城市
⑦老人习惯农村不愿进城

50. 您认为是什么原因阻止您安家在城市：
①住房资金　②相关费用太高　③就业难　④子女教育费用太高
⑤上户口难

四、村干部请回答以下问题

51. 您村总户数_____户，总人口_____人，劳动力总数_____人

52. 您村人均纯收入_____元/人年，每天有_____辆客车经过本村

53. 本村企业数_____个，最重要两个行业是（根据总产值多少）_____；_____

54. 本村耕地面积_____亩，其中平原面积_____亩，25—50亩的农户户数_____户，50亩以上的农户户数_____亩。

后 记

本书是在我的博士学位论文基础上修改完成的。首先要感谢我的导师彭建强研究员。在我为选题犹豫不定之时，是彭老师果断地帮助我做出了选择。他告诉我，农民职业分化不仅是一个经济学问题，还是一个社会学问题，它伴随着我国的现代化进程，是一个影响深远的学术问题。在写作过程中，彭老师也常常给予极为细致耐心的指导。渐渐的，在老师的熏陶与带动下，我从一个不太了解农村与农民的城市人，逐渐变成了一个热爱农村、热爱农民，也热爱研究"三农"问题的农经人。彭老师通过身体力行演绎出了作为一个农经人应有的心怀天下、脚踏实地、志存高远、孜孜以求的精神。值此著作出版之际，首先向他表示衷心的感谢。

我的另一位导师，河北农业大学的赵邦宏教授，不仅在写作过程中时常给予关心和指导，在著作的出版等工作中也都提供了大力的支持。在博士毕业后，赵老师还对后续的研究方向和内容提供了指导与帮助。赵老师的无私奉献和谆谆教诲像春风化雨，滋润心田。

在本书的写作过程中，采用了大量的实地、问卷调查和个案访谈。感谢河北农业大学的许多研究生和本科生，他们作为调查员参与了此项工作，并协助我完成了调查数据的登统工作。农大人踏实敬业的精神在他们身上得以传承。还要感谢上千名配合调查的农民朋友，他们热情、朴实、勤劳和乐观向上的精神向我们传递了积极的正能量，也体现了新时期农民良好的精神风貌。在书稿写作的几年中，河北省哲学社会科学规划办公室、河北省社会科学院、河北省科学技术厅、河北省人力资源与社会保障厅等部门也给予了相关课题的立项支持，不仅在经费方面给予了资助，还对相关阶段性成果也进行了肯定，并颁发了成果奖项。

最后，感谢我的家人。没有他们一如既往的支持，我就不能集中精力投入到工作和学习中去。儿子的出生带给我前行的动力，他在写作间歇带给我的欢乐也替我排解了许多压力与疲劳。也感谢中国社会科学出版社决定出版此书，并为本书的出版提出了中肯的修改意见。

路漫漫其修远兮，对我来说，对于农民职业分化问题的研究也只是掀开了第一页。由于个人水平所限，本书难免出现一些错误，敬请各位专家、学者、领导批评指正。

李逸波

2014年5月于河北保定